난세를
살아가는
지혜

논어

난세를 살아가는 지혜, 논어

2023년 2월 10일 초판 1쇄 인쇄
2023년 2월 15일 초판 1쇄 발행

역은이 | 동리즈
옮긴이 | 김인지
펴낸이 | 김태화
펴낸곳 | 파라북스
기획 · 편집 | 전지영
디자인 | 김현제

등록번호 | 제313-2004-000003호
등록일자 | 2004년 1월 7일
주소 | 서울 특별시 마포구 와우산로 29가길 83 (서교동)
전화 | 02) 322-5353   팩스 | 070) 4103-5353

ISBN 979-11-88509-66-9 (03140)

* 값은 표지 뒷면에 있습니다.

난세를
살아가는
지혜

논어

동리쥔 지음, 김인지 옮김

파라북스

지금 이 순간 꼭 필요한 지혜, 논어

논어는 우리와 먼 곳에 있는 것 같지만 사실은 매우 가까이 있다. 논어는 철학의 경전일 뿐 아니라 일상생활의 지도서이다. 때문에 시공을 초월하여 여전히 우리의 영혼에 신선한 생명력을 불어넣고 있는 것이다.

대부분의 현대인은 급변하는 사회에 적응하지 못한 채 눈부시게 발전하는 물질문명과 정체된 정신문명의 격차 속에서 까닭 모를 불안감을 느낀다. 이 책을 읽는 독자가 학생이나 회사원이든, 기업가 혹은 정치가이든 상관없이 일단 논어의 세계에 빠져들면 그 지혜의 보물상자에서 많은 가르침을 얻을 것이다.

사실 우리에겐 풍부한 정신문화의 '광산'인 논어가 있지만 극히 일부분만 개발해 이용하고 있다. 따라서 이 경전을 처음부터 다시 열어 세심하게 그 속뜻을 일깨워 우리의 가슴과 두뇌를 맑고 새롭게 해야 한다.

중국은 수천 년의 역사 속에서 다양하고 풍부한 문화를 축적해 왔다. 그리고 그 중심에 바로 유학의 경전으로 손꼽히는 논어가 있다. 옛 선인들이 "논어를 반만 읽으면 천하를 통치할 수 있다."고 했을 정도로 논어에는 세상살이의 이치가 가득하다. 오늘날을 사는 우리 역시 경전 중의 경전인 논어를 절대 소홀히 해서는 안 된다.

논어는 철학적으로나 문학적으로 이중적 가치를 가진 저작으로 현실적인 의미를 풍부하게 담고 있다. 그럼에도 바로 이 부분에 대한 연구가 부족한 것은 몹시 유감스러운 일이 아닐 수 없다. 경전을 해석하는 시각은 다양하지만 당시의 생활상과 현실을 바탕으로 핵심을 찌르는 보다 쉬운 해석이 필요한 시점이다.

논어가 세상에 나온 뒤 헤아릴 수 없을 만큼 많은 해설서와 연구서가 탄생했다. 하지만 대부분은 학술적인 범주에만 한정된 것이 사실이다. 그러나 논어는 일상에서 탄생한 것으로 공자와 그 제자들의 실천과 사고의 결과물이다. 때문에 논어의 본 모습을 찾고 그 소박한 의미도 음미할 필요가 있다.

이 책을 엮은 목적은 독자들로 하여금 문화의 경전으로서의 논어와 현실생활의 공통분모를 찾는 과정에서 심오한 진리와 지혜를 깨닫도록 하는 데 있다. 따라서 이 책을 읽는 독자는 논어에 숨어 있는 진리를 찾기 위해 노력해야 한다. 또한 이 책을 통해 선현들의 생동감 있는 모습을 새롭게 발견하고 그들의 진실한 삶의 태도를 느낄 수 있을 것이라 생각한다. 또 그 속에서 적극적으로 처세의 방법을 발견하며 인생의 방향을 바로 세울 수 있기를 바란다.

차례

인격 수양을 위한 논어의 지혜

공자의 도덕적 주장은 '인仁, 의義, 예禮, 지智, 신信'으로 축약되며, 이것이 곧 유가의 핵심 내용이다. '인'을 중심으로 하는 도덕관은 개인의 수양뿐 아니라 인류와 세계를 아우른다. 사람이라면 무릇 덕을 쌓고 타인을 어질게 대해야 한다. 나날이 각박해지는 현대사회에서 도덕적인 수양은 더는 미룰 수 없는 과제이기도 하다. 이것이 바로 공자의 사상이 현대 사회에서도 여전히 긍정적인 의미를 지니는 이유다.

01

신의로 무장하면
앞길이 순탄하리라

공자가 말했다. "신의가 없는 사람은 도대체 어디에 쓸 수 있겠는가? 큰 수레에 끌채가 없고 작은 수레에 멍에목이 없다면 어찌 굴러갈 수 있단 말인가?"

子曰 "人而無信不知其可也. 大車無輗 小車無軏
자 왈 인 이 무 신 부 지 기 가 야   대 거 무 예 소 거 무 월

其何以行之哉."
기 하 이 행 지 재   (제2편 위정爲政)

돼지를 잡아 약속을 지킨 증자

증자, 이름이 참參이었던 그는 공자의 제자 중 한 사람이었다. 공자에서 시작된 유가가 그를 통해 공자의 손자 자사에게로 전해지고 또다시 맹자에게 이어졌기에, 증자는 유가의 성인聖人으로 불린다. 특히 약속을 지키기 위해 돼지를 잡았던 그의 이야기는 지금까지도 많은 사람들의 입을 통해 전해지고 있다.

어느 날 증자의 아내가 장을 보러 집을 나섰다. 그러자 그의 어린 아들이 어머니를 따라가겠다고 울며 떼를 쓰는 것이 아닌가. 증자의 아내는 아들을 어르며 말했다.

"착하지, 어미가 장에 갔다 돌아오면 돼지를 잡아 맛있게 볶아주마."

돼지고기를 먹을 수 있다는 말에 아이는 이내 울음을 뚝 그치고는 잡았던 치맛자락을 놓아주었다. 얼마 후 집으로 돌아온 아내는 깜짝 놀라고 말았다. 남편이 칼을 갈며 돼지 잡을 준비를 하고 있었기 때문이다. 그녀는 한걸음에 남편에게로 달려가 말했다.

"아까는 아이를 어르려고 그랬던 것입니다. 정말로 돼지를 잡겠다는 말이 아니었어요!"

그러자 증자가 심각한 얼굴로 입을 열었다.

"아이에게 흰소리를 해서는 안 되오. 아직 어려 아무것도 모르는 아이들은 부모의 말과 행동을 그대로 따라하게 마련이오. 그런 아이에게 거짓말을 하는 것이 다른 사람을 속이라고 가르치는 것과 다를 게 무엇이오? 어린 아이에게 오늘 거짓말을 하면 다음에는 올바로 가르치기 더욱더 힘들 것이오."

증자의 말을 들은 아내는 그제야 자신이 한 말을 후회했다. 이미 아이에게 돼지를 잡아주겠다고 약속한 이상 이제 와 다른 말을 할 수 없게 되었으니 말이다. 어쩔 수 없이 아내는 남편과 함께 돼지를 잡아 아이에게 푸짐한 저녁을 차려주었다. 아이는 맛있는 고기반찬을 먹으며 믿음과 감격에 가득 찬 눈으로 부모를 바라보았다.

그날 일은 과연 아이에게 커다란 영향을 미쳤다. 어느 날 밤, 막 잠자리에 들었던 아이가 벌떡 일어나 머리맡에 있던 죽간을 들고는 냅다 밖으로 뛰쳐나갔다. 깜짝 놀란 증자가 이유를 묻자 아이가 조급한 목소리로 대답했다.

"사실은 얼마 전에 친구에게 죽간을 빌렸는데, 오늘까지 돌려주기로 했습니다. 그런데 시간을 어기면 제가 얼마나 신의 없는 사람이 되겠어요?"

이 말을 들은 증자는 흐뭇한 미소를 지으며 아들의 외출을 허락했다. 증자는 자식 교육에서는 물론 친구를 사귈 때도 믿음과 신용을 강조했다.

"나는 날마다 내 자신을 돌아본다. 남을 위해 일하며 성실함을 다했는가? 벗과의 사귐에 신의를 저버리지는 않았는가?"

이처럼 증자는 스스로에게 매우 엄격한 사람이었다. 특히 자신의 도덕적 수양에는 더더구나 그랬다. 날마다 자신의 행동을 돌아본다는 그의 말은 훗날 중국의 많은 지식인들의 좌우명이 되기도 했다.

증자처럼 자식 교육에서 신의를 저버리지 않으려 했던 사람이 또 있다. 맹자가 아주 어렸을 때였다. 어느 날 옆집에서 돼지를 잡는 광경을 보고 있던 맹자가 물었다.

"왜 이웃에서 돼지를 잡는 건가요?"

그러자 어머니가 무심결에 대답했다.

"널 주려고 잡는 모양이다."

농담 삼아 가볍게 던진 말이었지만 맹자의 어머니는 이내 자신의 행동을 후회했다. 이제 겨우 철이 든 아이에게 거짓말을 하는 것은 아이를 속이는 것과 다름없었기 때문이다. 그러면서 자식에게 신의를 가르칠 수는 없지 않은가! 어머니는 곧장 이웃집에서 돼지고기를 사와 아들에게 맛있는 음식을 만들어주었다.

신의는 남을 속이지 않는 것이요, 약속을 지키는 것이며, 자신의 말과 행동에 책임을 지는 것이다. 전통 미덕 중 하나인 신의는 도덕적 소양의 기본이며 인간관계와 사회생활을 순조롭게 이끄는 열쇠이기도 하다. 오늘날에는 사람과 사람 사이에서 점차 믿음이 사라져가고 있다. 심지어 서로 속고 속이는 일도 허다하다. 그러나 신용이 없는 사람들은 점차 사회에서 도태된다. "신의가 없는 사람은 어디에도 쓸 데가 없다"는 공자의 말처럼, 신용과 믿음이 있어야만 인생이라는 길고 긴 여정에서 순조롭게 앞으로 나아갈 수 있다.

99

02

멀리 내다보라

공자가 말했다. "사람이 먼 장래를 걱정하지 않으면 가까운 미래에
반드시 걱정거리가 생긴다."

子曰 "人無遠慮, 必有近憂."
자 왈　인 무 원 려　필 유 근 우 　　　　　　　　　　　(제15편 위령공衛靈公)

미래를 대비할 줄 알았던 장영과 문언박

언제 닥칠지 모르는 위기에 대비하며 주위 환경을 통제하는 능력
을 키우는 것은 매우 중요하다. 우리의 삶과 주변 환경은 계속해서
변하기 때문이다. 무릇 변화에 적극적으로 대처하며 생각을 넓히고
잠재된 위기를 극복할 수 있어야만 크게 성공할 수 있다.

북송의 장영이 숭양현의 지현으로 부임했을 때의 일이다. 당시
집집마다 생업으로 차나무를 재배하는 것을 보고 장영이 말했다.
"찻잎을 재배하는 것은 분명 커다란 이문을 남길 수 있는 일이다.
하지만 훗날 관부에서 이를 독점할 위험이 있으니 아무래도 재배작
물을 바꾸는 것이 좋겠구나."
장영은 즉시 차나무를 뽑아버리고 뽕나무를 심어 양잠을 하도록
권했다. 그러자 백성의 불만이 하늘을 찌를 듯했다. 그런데 얼마
후 장영의 말대로 나라에서 찻잎 생산을 독점하기 시작했다. 다른
지역 주민들은 하루아침에 밥그릇을 잃고 말았지만 숭양현 사람들

은 매년 수백만 필에 이르는 비단을 생산해 많은 돈을 벌었다. 마을 주민들은 장영에게 감사하는 마음을 담아 그를 기리는 사당을 세웠다.

송나라 인종은 말년에 정신병을 앓았다. 그가 갑자기 난폭해지면 궁 안팎의 사람들은 모두 두려움에 떨었다. 이때 희대의 명신 문언박과 인품이 그리 높지 못했던 유항이 함께 재상의 자리에 올랐다.

어느 날 밤, 문언박이 시급한 용무를 처리하느라 궁궐 내에 머물고 있을 때였다. 갑자기 개봉부의 지부 왕소가 다급히 궁궐 문을 두드리며 문언박을 찾았다. 그러자 문언박이 짐짓 불쾌한 표정으로 왕소를 돌려보내며 말했다.

"지금이 몇 시인 줄 아느냐? 감히 한밤중에 궁궐 문을 두드리다니!"

다음날, 다시 궁을 찾은 왕소는 지난밤 금군의 병사 하나가 자신을 찾아와 도오후(금군의 우두머리-옮긴이)가 모반을 꾀하려 한다는 사실을 알려왔다고 전했다.

그의 말은 들은 대신들은 즉시 도오후를 잡아들여야 한다고 했지만 문언박은 고개를 가로저으며 말했다.

"그렇게 하면 일이 커지고 민심 또한 불안해질 것입니다."

문언박은 대신 금군의 지휘관 허회덕을 불러 물었다.

"도오후는 어떤 사람이냐?"

갑작스런 문언박의 물음에 허회덕이 대답했다.

"그는 금군 중에서 가장 충직한 사람입니다."

"자신할 수 있느냐?"

문언박이 되묻자 허회덕이 자신 있게 말했다.

"그렇습니다."

면담을 마친 문언박이 좌중을 둘러보며 말했다.

"분명 도오후와 원한이 있는 병사가 그를 모함했을 겁니다. 반드시 그자를 잡아들여 참수해야 합니다."

대신들 모두 그의 뜻에 따랐다. 잠시 후 문언박이 처형 문서에 서명하려는 순간 갑자기 옆에 있던 한 대신이 슬쩍 그의 무릎을 쳤다. 그러자 문언박은 문득 무언가를 깨달은 듯 유항에게 서명해달라고 부탁했다. 얼마 뒤 인종의 병세가 어느 정도 호전되자 유항은 문언박을 모함하기 시작했다.

"폐하께서 몸져누워 계실 때 문언박이 모반을 고발한 병졸을 제멋대로 참수했습니다."

구구절절 설명하지는 않았지만 대단한 악의가 담긴 말이었다. 그의 이야기는 분명 문언박을 모반의 배후 조종자로 지명하고 있었던 것이다. 그러나 문언박은 유항이 서명한 처형 문서를 보여줌으로써 황제의 의심을 거둘 수 있었다. 만약 유항의 서명을 받아두지 않았다면 그는 변명의 여지없이 목숨을 내놓아야 했을 것이다.

❝ 논어의 지혜

무릇 생각을 하거나 일을 처리할 때 눈앞의 상황은 물론이거니와 먼 미래까지 고려해야 한다. 그렇게 해야 모든 상황을 사전에 적당하게 계획해 생각지도 못한 위험이 발생하는 것을 막을 수 있다. 무슨 일을 하든 장기적인 안목과 미래를 바라보는 통찰력이 없다면 성공할 수 없다. **❞**

늘 겸손하라

공자가 말했다. "정치가 깨끗할 때는 바른 말을 하고 바르게 행동
하라. 나라가 어지러울 때는 바른 행동을 하고 겸손하게 말하라."

子曰 "邦有道, 危言危行, 邦無道, 危行言孫."
자 왈   방 유 도   위 언 위 행   방 무 도   위 행 언 손   **(제14편 헌문憲問)**

곧고 겸손했던 소하와 곧기만 했던 악비

천하가 태평하고 국법이 바로 서 있으며 사회가 안정되어 있을
때, 군자는 말과 행동을 올곧게 해야 한다. 법에 따라 일을 처리하
고 직설적으로 자신의 관점을 이야기하면 일의 효율을 더욱 높일
수 있다. 하지만 나라가 혼란스럽고 국법이 무너졌을 때, 수양의 경
지에 오른 사람은 행동을 공정하게 하되 말은 겸손하게 한다. 불평
불만을 늘어놓아 다른 사람의 미움을 사는 짓을 하지 않을 뿐더러
심지어 벙어리에다 귀머거리 노릇을 하며 비난의 화살이 자신을 겨
누지 않도록 한다.

서한 초년 한나라의 삼걸三杰 중 하나였던 소하는 여후(유방의 황
후-옮긴이)를 도와 한신을 없앴다. 마침 반란을 평정하기 위해 먼
길을 떠났던 유방은 이 소식을 듣고 소하를 상국으로 임명하고 귀
한 상을 내렸다.

문무백관들이 이를 축하하는 가운데 유난히 소평이라는 늙은 신

하만이 어두운 얼굴로 입을 열었다.

"지금 황제는 친히 군대를 이끌고 반란을 제압하기 위해 나라를 떠나 계십니다. 하지만 상국께서는 수도를 지키며 전쟁의 위협에서는 멀리 떨어져 계시지요. 황제로서는 자연히 상국을 의심할 수밖에 없습니다. 그래서 상국을 시험하기 위해 관작을 내린 것입니다. 만약 상국께서 관작과 상금을 받은 일로 우쭐해하신다면 장차 큰 화를 면하기 힘들 겁니다. 그러니 황제의 하사품을 모두 사양하시고 가산을 털어 원정 나간 군을 도우십시오. 그렇게 해야만 황제가 의심을 거둘 것입니다."

소평의 충고가 일리 있다고 생각한 소하는 그의 말을 따르기로 했다. 과연 소하의 반응을 전해들은 유방은 매우 기뻐하며 더 이상 그를 의심하지 않았다.

그해 가을, 회남왕 경포가 반란을 일으키자 유방은 또다시 출병해야 했다. 전투가 일어난 후 유방은 수차례 사자를 보내 소하의 행동을 살피곤 했다. 황제가 자신을 경계한다는 것을 느낀 소하는 옛날 소평이 일러준 계책을 다시 한 번 쓰기로 했다. 그러자 빈객 하나가 그를 말리고 나섰다.

"또다시 예전처럼 했다간 멸문지화를 면하기 어려울 것입니다. 상국은 이미 무수한 공을 세우셨고 더 이상 오를 데 없는 높은 자리에 올라 7년간의 통치로 만백성의 사랑을 한몸에 받고 계십니다. 황제가 계속해서 사자를 보내는 것은 상국의 명망이 장차 화가 되지 않을까 두려워서입니다. 그러니 상국께서는 다른 방법을 쓰셔야 합니다. 우선 싼 값에 백성의 농지와 가옥을 사들인 다음 고리대를 하십시오. 그렇게 백성의 원성을 사게 되면 황제는 분명 안심할 겁니다."

그제야 뭔가를 깨달은 소하는 곧 그 빈객의 말을 따랐다. 정치에는 아무런 관심도 없는 듯 오로지 땅을 사들이고 고리대금 사업을 하는데에만 열을 올렸던 것이다. 한편 소하가 민심을 잃고 있다는 소식을 들은 유방은 그제야 그에 대한 의심을 완전히 거둘 수 있었다.

'위행언손危行言孫'(곧게 행동하고 겸손하게 말하다)을 실천했던 소하는 큰 화를 피할 수 있었다. 하지만 또 다른 영웅 악비는 안타깝게도 그러지 못했다. 악비는 진회의 손에 죽임을 당했다. 하지만 그의 죽음은 남송의 고종과 관계가 깊다. 온 힘을 다해 금나라에 맞섰던 악비는 왜 고종의 미움을 샀던 것일까? 그 원인은 악비가 '위행언손'을 실천하지 못한 데서 찾을 수 있다.

악비가 금을 토벌하고자 한 것은 흠잡을 일이 못 되었다. 하지만 그가 '나라의 도가 무너진' 시기에 '겸손하지 못한 말'이 용납되지 않는 곳에 살고 있었다는 점이 문제였다.

'직도황룡直搗黃龍, 영회이성迎回二聖'(곧바로 황룡을 공격하여 두 성인을 모셔 오자!)은 금을 토벌할 당시 악비가 내세운 구호였다. 여기서 말하는 두 성인은 과연 누구일까? 그들은 바로 남송을 집정하고 있던 고종 조구의 아버지와 형이었다. 즉 악비는 금의 수도를 공격해서 태상황과 황형을 남송으로 데려오고자 했던 것이다.

사실 악비의 명분에는 아무런 문제가 없는 듯했지만 고종의 심기는 불편할 수밖에 없었다. 금에게 승리하고 형을 데려오면 그의 보위가 흔들릴 것이 뻔했기 때문이다. 그로서는 차라리 겉으로 금에게 대항하는 척하며 백성의 원성을 누그러뜨리고 금과의 대치 상황을 지속시키는 게 훨씬 나았다. 그런 상황에서 악비의 구호는 자신의 황위를 위협하는 악재임이 분명했다.

이때 고종의 마음을 꿰뚫어본 진회가 악비를 죽여야 한다며 황제의 비위를 맞추었다. 이에 고종은 자신의 보위를 지키기 위해 악비의 목숨을 거두었다.

논어의 지혜

공자가 제시한 언행에 관한 처세는 약삭빠른 잔꾀가 아닌 상황을 살펴 행동하는 진정한 지혜이다. 이는 사회생활을 하는 데 교훈으로 삼아도 좋을 이치이다. 직장생활을 예로 들어보자. 속이 좁고 질투심도 강한 상사에게 올곧은 말과 행동을 하면 미움을 살 것이 분명하다. 자신에게 불리한 환경에서 피해를 입지 않으려면 올곧은 행동과 함께 '겸손한 말'을 잊지 말아야 한다. 물론 자신에게 유리한 상황이라면 주동적으로 자신의 장점을 발휘하는 것이 좋다.

04

융통성 있게 행동하되 원칙은 지켜라

공자가 말했다. "군자는 천하의 일에서 그래야 하는 것도 없고 그래서는 안 되는 것도 없다. 오로지 의義에 따르고 그와 함께할 뿐."

子曰 "君子之于天下也, 無適也, 無莫也, 義之與比."
자 왈 군 자 지 우 천 하 야 무 적 야 무 막 야 의 지 여 비

(제4편 이인里仁)

엄격한 원칙으로 군을 통솔한 전양저

원대한 포부와 비상한 시야를 가진 사람은 일을 처리할 때 한 가지 원칙을 기본으로 하되 그때그때의 상황에 맞게 기민하고 융통성 있는 태도를 취하게 마련이다. 이렇게 하면 자신의 권위와 신용을 높일 뿐 아니라 일에서 가장 좋은 결과를 얻을 수 있다. 이는 고금을 막론하고 많은 사람들이 입신과 처세를 위해 사용하는 방법이기도 하다. 자, 이제 옛날 이야기를 하나 들어보자.

춘추시대, 진晋나라와 연나라가 힘을 합쳐 제나라를 공격하고 있었다. 계속되는 싸움에서 늘 패하기만 한 제나라의 경공은 문무 대신들을 한 자리에 불러모아 총체적 위기에서 벗어날 방법을 강구했다. 그때 경공 옆에 앉아 있던 재상 안영이 입을 열었다.

"신이 보건대 지금 가장 시급한 일은 훌륭한 지휘자를 찾는 것입니다. 저는 전양저라는 자를 추천합니다. 문무를 모두 갖추었으니

한번 써보심이 어떨는지요?"

안영의 말을 들은 경공은 즉시 전양저를 불러들여 적을 물리칠 계책을 의논했다. 과연 전양저는 범상치 않은 재능을 가진 인물이었다. 이에 경공은 크게 기뻐하며 당장 그를 최고 지휘관으로 임명했다. 그러자 전양저가 침착한 목소리로 말했다.

"저는 출생이 비천한 자입니다. 비록 대왕께서 저를 장군으로 임명하셨으나 다른 이들이 이에 불복할까 두렵습니다. 간청하건대 대왕께서 가장 아끼시는 자를 감군監軍(고대 황제가 군에 파견한 임시 관리—옮긴이)으로 임명해주소서."

경공은 그의 청을 흔쾌히 허락하며 가장 총애하는 대신 장고를 감군으로 임명했고, 전양저와 장고는 다음날 정오, 군영 앞에서 만나기로 약속했다. 다음날, 전양저는 약속한 자리에서 장고를 기다렸다. 하지만 평소 거만하기로 이름 높았던 장고는 전양저는 물론이거니와 군의 규율조차도 하찮게 여기는 자였다. 정오가 훨씬 지나도 장고가 오지 않자 전양저는 어쩔 수 없이 홀로 명령을 내리고 군대를 지휘했다. 땅거미가 질 무렵, 그제야 장고가 느릿느릿 모습을 드러냈다.

전양저는 화를 억누르며 물었다.

"그대가 감군이라는 것을 잊으셨소? 어찌 이리 늦으셨단 말이오?"

그러자 장고가 심드렁한 얼굴로 대꾸했다.

"아 글쎄, 내가 감군이 되었다는 소식을 들은 친지들과 친구들이 술을 갖고 배웅을 오지 않았겠소! 그러다 보니 조금 늦었구려."

어처구니없는 대답을 들은 전양저는 노기 띤 얼굴로 말했다.

"병사를 통솔해야 하는 이는 그 임무를 부여받는 순간부터 자신의 안일은 잊어야 하오. 군을 다스려야 하는 사람은 가족을 잊어야 하며 적을 마주 대하고 있는 자는 그 자신도 잊어야 하거늘, 강한 적이 국경을 넘어와 나라와 민심이 어지러운 이때에, 병사들은 죽기를 각오하고 싸움에 임하고 있는 이때에, 군왕조차 나라를 걱정하는 마음에 제대로 먹지도 자지도 못하고 있는 이때에, 어찌 술과 환락에 빠질 수 있단 말이오!"

말을 마친 그는 옆에 서 있던 군정관에게 물었다.

"군법에 따르면 시간을 지키지 않은 자는 어떻게 처벌해야 하는가?"

"참수로 그 벌을 다스려야 합니다!"

군정관의 우렁찬 외침에 장고의 등줄기에선 식은땀이 주르륵 흘러내렸다.

한편 이 소식을 들은 경공은 즉시 사자를 보내 전양저를 말리려 했다. 하지만 전양저는 조금도 흔들림 없이 오히려 사자를 꾸짖으며 말했다.

"군영 내에서 말을 달리는 것 역시 군법을 어긴 처사이니 참수해야 마땅하오. 하지만 그대 역시 왕명을 받고 그리한 것이니 참수는 면해주리다."

말을 마친 전양저는 사자를 대신해 그 하인의 목을 베었으며 그가 타고 있던 마차의 왼쪽 부목과 목을 벤 말을 병사들에게 보여주었다.

그때부터 병사들은 감히 군령을 어길 엄두조차 내지 못했고, 군의 기세는 하늘을 찌를 듯 높아졌다. 이렇게 전양저는 연나라와 진나라의 연합군을 격파하고 잃어버린 땅을 되찾을 수 있었다. 승리의 소식을 접한 경공은 크게 기뻐하며 전양저야말로 나라의 든든한 버팀목이라고 칭송해 마지않았다.

❝ 논어의 지혜

유가에서는 군자의 입신立身은 주관적인 고집이나 사적인 이익이 아닌 공정함과 정의로움을 바탕으로 이루어져야 한다고 주장한다. 의義가 부유함을 원한다면 부유해지고 가난함을 원하면 가난해지며, 살아야 하면 살고 죽어야 하면 죽는 것이다. 즉, 모든 일은 의에 따라 이루어져야 한다. 그렇지만 오로지 죽은 규칙에만 얽매여서도 안 된다.

옛 선인들의 이러한 가르침은 오늘날에도 상당한 설득력을 가진다. 어떠한 일을 하든지 융통성 있게 처리하되 반드시 정확한 원칙을 지키는 것. 그것이 곧 사람됨의 도리요, 성공을 위한 첩경이다.

언제나 신중하라

05

공자가 병이 나자 계강자가 약을 가져왔다. 공자가 고마움을 표하고 약을 받으며 말했다. "약의 효과를 알지 못하니 감히 먹을 수가 없구나."

康子饋藥, 拜而受之. 曰 "丘未達, 不敢嘗."
강 자 궤 약 배 이 수 지 왈 구 미 달 불 감 상   (제10편 향당鄕黨)

신중한 곽자의

《역경》에 이런 말이 있다.

편안함 속에서 위기를 잊지 않고, 있음 가운데 없음을 생각하며, 다스림 속에서 어지러움을 잊지 않는다. 이렇게 하면 내 몸을 보호할 수 있으며 가정과 나라를 보전할 수 있다.

이는 살면서 좋을 때나 나쁠 때나 매사에 신중해야 함을 강조하는 말이다. 세상에는 우리가 보지 못하는 어두운 부분이 있으며, 잠재적 위험이 항상 우리를 노리고 있다. 맹목적이고 경솔한 행동만큼 어리석은 짓이 없음을 언제나 명심하자.

당나라 곽자의는 안사의 난을 평정한 공으로 분양왕에 봉해졌다. 그는 수도 장안의 친인리라는 곳에 살고 있었는데, 언제나 대문을

25
1장 _ 인격수양을 위한 논어의 지혜

활짝 열어두고 어떤 사람이든 자유롭게 드나들게 했다. 옆에서 아무리 말려도 그의 고집을 꺾을 수는 없었다.

어느 날 곽자의 수하의 한 장수가 먼 곳으로 부임을 가기 앞서 인사차 그의 집에 들렀다. 평소처럼 거리낌 없이 내당까지 들어간 장수는 공교롭게도 곽자의의 부인과 딸들이 몸단장을 하는 모습을 보게 되었다. 게다가 그 옆에선 곽자의가 손수 아내와 딸의 시중을 들고 있는 게 아닌가! 여인들은 곽자의에게 수건을 달라, 물을 떠달라는 등 이것저것 주문하며 마치 시종처럼 그를 부리고 있었다. 천하의 곽자의가 여인들의 시중을 드는 모습이 너무 우스웠지만 장수는 아무 말 없이 집으로 돌아갔다. 그러나 결국 가벼운 입을 참지 못하고 그날 자신이 목격한 바를 떠벌리고 말았다. 이내 장안에는 곽자의의 소문이 파다하게 퍼졌다.

이 소식을 들은 곽자의는 아무 말도 하지 않았지만 그의 아들들은 망신살이 뻗쳤다며 즉시 아버지를 찾아갔다. 그들은 다른 왕부와 마찬가지로 대문을 굳게 닫아걸고 외부인이 함부로 드나들지 못하게 해야 한다고 주장했다. 하지만 곽자의는 아무런 대꾸도 없이 웃기만 할 뿐이었다. 아들들은 급기야 무릎을 꿇고 울면서 애원했다.

"아버님은 천하의 사람들이 모두 존경해 마지않는 분이 아니십니까? 그런데 왜 아버님은 자신을 존중하지 않으시는 겁니까? 왜 아무나 집으로 들어오게 하시는 겁니까? 상나라의 재상 이윤과 한나라의 대장군 확광도 그리하지는 않았습니다."

아들들의 이야기를 들은 곽자의가 웃음을 거두고 진지하게 입을 열었다.

"내가 대문을 열어젖히고 아무나 드나들게 한 것은 허명을 좇아서가 아니라 나와 내 가족을 보호하기 위함이다."

그러자 깜짝 놀란 아들들이 그 이치를 설명해달라고 청했다. 곽자의는 가볍게 한숨을 쉬고 다시 입을 열었다.

"너희는 내가 세운 공만 봤을 뿐, 그 뒤에 숨은 위험은 보지 못했다. 분양왕에 봉해진 나는 더 귀해질 수 없는 위치까지 올랐다. 하지만 달도 차면 기우는 법이라 하지 않았더냐. 그것은 절대 피할 수 없는 이치지. 가장 좋은 시기에 모든 것을 버리고 물러나라는 말도 있지 않느냐. 하지만 조정에서는 아직도 나를 쓰려 한다. 게다가 내가 벼슬에서 물러난다고 해도 천 명이나 되는 곽부의 사람들을 받아줄 곳도 없다. 나는 이제 앞으로 나갈 수도, 물러날 수도 없는 상황에 처한 것이다. 이런 상황에서 내가 문을 굳게 닫아걸고 외부와 왕래하지 않는다면 어떻게 되겠느냐? 우리에게 원한이 있는 사람이 입 한번만 잘못 놀리면 우리 집안은 구족을 멸하는 화를 입을 수도 있지 않겠느냐?"

정계가 얼마나 위험한 곳인지 잘 알고 있던 곽자의는 그 위험을 피하기 위해 대문을 활짝 열어두었던 것이다. 곽자의는 뛰어난 정치적 안목과 높은 도덕적 수양, 그리고 복잡한 정계에 대한 뛰어난 적응력을 지닌 인물이었다. 따라서 높은 공을 세우면서도 미래에 대한 준비를 철저히 하며 앞으로 다가올 위험에 대처하고자 했다.

편안함 가운데서도 위기를 내다볼 줄 아는 곽자의의 지혜를 배워보는 것이 어떤가?

논어의 지혜 ─────────

공자가 다른 사람이 주는 약을 거절한 것은 결코 무례해서가 아니었다. 그것은 바로 지혜였다. 누가 약을 준다고 무작정 먹는 것은 위험을 떠안는 것과 같다. 약효를 알 수 없는 약을 함부로 먹어서는 안 되듯 생활에서 마주치는 모든 일에 대해서도 스스로 위험을 의심하고 따져보아야 한다. 득실을 잘 비교한 후 신중히 대책을 세우면 위험을 최소한으로 줄일 수 있다.

인생의 도처에는 늘 함정이 있게 마련이다. 때문에 신중하지 못한 사람은 불필요한 대가를 치러야 하거나 심지어 인생을 배울 기회조차 잃을 수 있음을 명심하자.

06

과거의 일로
원한을 갖지 마라

공자가 말했다. "백이와 숙제는 지난날의 잘못을 들추지 않았기에 사람들의 원망을 사는 일이 드물었다."

子曰 "伯夷, 叔齊, 不念舊惡, 怨是用希."
자 왈 백 이 숙 제 불 념 구 악 원 시 용 희   **(제5편 공야장公冶長)**

지난날의 잘못을 들추지 마라

'군자의 복수는 10년이 지나도 늦지 않다'라는 옛말이 있다. 이 극단적인 말은 우리의 정신과 행동을 그릇된 길로 이끌 뿐 아니라 자칫하면 한 사람의 인생을 송두리째 바꿀 수도 있다. 또 이를 행동으로 옮기면 다른 사람은 물론 자신까지도 망칠 수 있다. 그러므로 진정 지혜로운 사람은 이처럼 어리석은 행동은 하지 않는다.

한나라의 반초는 서역의 많은 나라를 설득해 한나라와 평화협정을 맺도록 하는 데 성공했지만 유독 구자국만 이에 따르지 않았다. 어느 날, 한나라와 친교를 맺은 오손국의 사자가 장안을 방문하자 한의 장제는 그를 극진히 대접하고 오손국으로 돌아갈 때에는 위후 이읍을 보내 그를 호송하도록 했다. 이읍 일행이 천산의 남쪽 기슭을 지나 우전에 닿을 무렵이었다. 갑자기 구자국이 소륵을 공격했다는 소식이 들려오는 게 아닌가! 잔뜩 겁먹은 이읍은 앞으로 나가지 못한 채 조정에 상소를 올려 반초를 모함했다.

상소에서 이읍은 반초가 자신의 식구들을 보살피느라 중원을 돌보지 않았음을 나무라며 오손국과 손을 잡고 구자국을 견제하려 했던 그의 계획 역시 실패했다고 고했다. 한편 이 소식을 들은 반초는 한숨을 쉬며 말했다.

"나는 증자가 아니다(의심을 받고도 꿋꿋하게 도를 수행한 증자만큼 자신이 대단하지 않다는 의미 – 옮긴이). 이제 모함을 당했으니 의심받을까 심히 두렵구나!"

반초는 즉시 조정에 상소를 올려 자신의 결백을 주장했다. 반초의 충심을 믿었던 한 장제는 조서를 내려 이읍을 꾸짖으며 말했다.

"반초가 제 처자식만 아끼며 중원을 돌보지 않았다면 어떻게 그를 따르는 수천 명의 사람들이 집으로 돌아가지 않고 그의 곁에 남아 있었단 말이냐!"

결국 황제는 이읍에게 반초와 회합해 그의 명령을 따르도록 했다.

황제의 조서를 받아든 이읍은 어쩔 수 없이 소륵으로 가 반초를 만났다. 하지만 반초는 아무 일도 없었다는 듯 이읍을 따뜻하게 대했다. 반초는 오손국의 사자를 호송하는 일을 다른 사람에게 맡기고, 오손국의 왕에게 낙양으로 가 한나라 황제를 알현하도록 했다. 그리고 이읍에게 오손국 왕의 호위를 담당하도록 했다. 그러자 반초의 수장 중 하나가 그를 말리고 나섰다.

"이읍은 장군을 모함하여 명예를 더럽힌 자입니다. 그를 잡아두어도 모자랄 판에 오히려 낙양으로 보내려 하시다니요."

이에 반초가 대답했다.

"그를 잡아둔다면 내 그릇이 그것밖에 안 된다는 것을 세상에 알리는 것과 다를 바 있겠는가? 그가 나를 모함했기 때문에 보내주는 것이다. 나는 온 힘을 바쳐 조정에 충성했기에 다른 사람의 모함 따위 두렵지 않다. 내 분을 풀기 위해 그를 여기에 잡아두는 것은 충직한 신하의 도리라 할 수 없지 않겠느냐!"

이 소식을 들은 이읍은 반초의 넓은 도량에 감탄했고, 이후 충심을 다해 그를 보좌했다.

당 태종 이세민 역시 반초와 같은 행동으로 많은 신하의 우러름을 받았다. 수 양제 시절 군승郡丞으로 임명된 이정은 이연, 즉 이세민의 아버지가 반란을 도모하고 있다는 사실을 가장 먼저 알고 이를 조정에 알렸던 인물이다. 당연히 이연은 수나라를 멸망시킨 후 이정을 처단하려 했지만 이때 이세민이 아버지를 말리며 말했다.

"지금은 무엇보다 인재가 필요한 시기입니다. 이런 때에 과거의 잘못을 들추어 재능 있는 자들을 죽여서는 안 되지요. 이정이 우리에게 투항할 뜻이 있다면 마땅히 그 목숨을 살려주셔야 합니다."

이세민의 도움으로 목숨을 건진 이정은 이후 당나라를 위해 수많은 공을 세웠다. 당 왕조 역시 왕실의 암투가 끊이지 않았다. 위징은 원래 이연의 첫째아들인 이건성의 측근이었다. 일찍부터 이세민의 비범함을 알아보았던 그는 이세민이 결코 지방 영주에 불과한 진왕의 자리에 만족하지 않을 것임을 간파하고 이건성을 부추겨 이세민을 죽이도록 했다. 당연히 이 이야기는 이세민의 귀에까지 들어갔다.

그러나 얼마 후 현무문 정변으로 황제의 자리에 오른 이세민은 이번에도 과거의 잘못을 따지지 않고 위징을 중용했고, 위징 역시 당나라를 위해 많은 공을 세웠다. 이세민은 이 두 사람 외에도 자신과 대적했던 수많은 적의 잘못을 덮어주고 오로지 재능에 따라 인재를 등용했다. 덕분에 그는 중국 역사상 신하와 백성에게 가장 사랑받은 군주가 될 수 있었다.

원한을 갚기 위해 섣부른 행동을 하지 않는 것만큼이나 다른 사람의 원한을 사지 않는 것도 중요하다. 명 말의 문인 홍응명이 쓴 《채근담》에는 이런 말이 있다.

> 많은 사람들에게 사랑을 받는 것보다는 한 사람의 원망을 풀어주는 것보다는 못하다.
>
> 邀千百人之歡, 不如釋一人之怨
> 요 천 백 인 지 환   불 여 석 일 인 지 원

원한을 푸는 것이 은혜를 베푸는 일보다 훨씬 어렵다는 말이다. 사실이다. 한 사람에게 맺힌 원한을 제때 풀지 않으면 여러 사람에게 악영향을 미칠 뿐만 아니라 큰일을 망칠 수도 있다.

춘추시대, 송나라와 정나라가 전쟁을 벌였다. 이때 송나라 군대를 지휘하던 화원이 양을 잡아 군사들의 사기를 돋우려 했는데, 실수로 수레를 끄는 양짐을 빼놓고 말았다. 양짐은 이 일로 앙심을 품었지만 화원은 이를 알아채지 못했다. 다음날, 전쟁이 시작되자 양

짐은 화원이 탄 수레를 일부러 정나라의 진영으로 끌고 가 적에게
사로잡히도록 해버렸다.

병사들의 사기를 북돋우려 했던 행동이 결과적으로는 양짐의 원
한을 샀던 것이다. 이처럼 사소한 실수일지라도 누군가의 원한을
사면 엄청난 화를 불러올 수 있다.

 논어의 지혜

누군가가 나를 화나게 하거나 모함했다면 분명 적당한 기회를 찾아 복
수하고 싶은 것이 인지상정이다. 하지만 그 복수심은 다른 사람이 아닌
스스로 만든 것임을 알아야 한다. 적당한 기회를 찾아 상대방에게 복수
했다고 가정해보자. 그 때문에 새로운 원한 관계가 생기지 않겠는가?
그것은 상대는 물론 나에게도 전혀 이로울 게 없다.

07

필요한 이에게
도움을 주라

자화가 공자를 대신해 제나라의 사절로 갔을 때였다. 염유가 자화의 모친에게 식량을 나누어주자고 간청하자 공자가 대답했다. "여섯 말 넉 되를 주어라." 염유가 곡식을 더 줄 것을 청하자 공자가 또다시 대답했다. "그럼 두 말 넉 되를 더 주어라."

하지만 염유는 자화의 모친에게 곡식 800석을 주었다. 이를 본 공자가 말했다. "공서적(자화)이 제나라로 떠날 때, 그는 살찐 말을 타고 가볍고 따뜻한 옷을 입고 있었다. 군자는 위급한 자에게 도움을 주고 부유한 자에게 부를 더해주지 않는다고 하지 않았더냐!"

子華使於齊, 冉子爲其母請粟, 子曰"與之釜."
자 화 사 어 제   염 자 위 기 모 청 속   자 왈   여 지 부

請益, 曰"與之庾." 冉子與之粟五秉. 子曰
청 익   왈   여 지 유   염 자 여 지 속 오 병   자 왈

"赤之適齊也, 乘肥馬, 衣輕裘. 吾聞之也, 君子周 急不繼富."
적 지 적 제 야   승 비 마   의 경 구   오 문 지 야   군 자 주 급 불 계 부

(제6편 옹야雍也)

도움이 필요한 자에게 손을 내밀어라

사람의 일은 한 치 앞도 예측하기 어렵다. 살면서 이런저런 고난에 부딪힐 수도 있다. 역경에 처한 이들이 어려움을 이기고 행복을 되찾도록 돕는 것은 사람의 본분이 아닐까? 하지만 도움의 대상과 도움을 주는 시기, 그 내용을 결정하는 데는 반드시 정도正道가 있

어야 한다.

공자는 논어를 통해 우리에게 한 가지 원칙을 제시한다. 이름뿐인 도움으로 타인을 구하려 해서는 안 된다는 사실이다. 그렇지 않으면 도덕적 수양에 큰 손실을 입을 수 있다.

가장 위급한 사람부터 도우려면, 우선 대상을 정하고 시기를 판단한 다음 올바른 방법을 찾아야 한다. 수만금을 들여 권력자들과 친분을 맺는 것을 어찌 자신이 가진 표주박 반 개로 굶주린 자를 구하는 것에 비교할 수 있을까. 으리으리한 집을 지어놓고 귀빈을 맞는 것을 어찌 지푸라기로 겨우 비나 피할 수 있는 집에 청렴한 서생들을 쉬게 하는 것에 비교할 수 있겠는가.

추위에 벌벌 떨고 있는 사람에게 연탄은 더없이 고맙고 귀한 물건이다. 하지만 금 이불을 덮고 있는 자에게 비단 이불을 준다면 무슨 소용 있을까. 목마를 때 입술을 축이는 물 한 방울은 더없이 달콤하게 느껴지지만 이미 취한 사람에게 한 모금의 술은 마시지 않느니만 못하다.

중국의 유명한 철학자 장자는 배고픔을 견디다 못해 감하후에게 양식을 꾸러 갔다. 아무리 인색한 감하후라지만 존경받는 선비의 청을 거절할 수는 없었다. 한참 뜸을 들이던 그가 마지못해 입을 열었다.

"지금은 안 되오. 며칠 뒤 세금을 걷고 나면 그때 양식을 빌려주리다."

그러자 감하후의 얕은꾀에 화가 난 장자가 그를 꾸짖으며 말했다.

"이곳으로 오는 길에 누군가 나를 부르지 않겠소. 가서 보니 수레바퀴 자국에 고인 물에서 붕어 한 마리가 나를 부르고 있더이다. 그래서 내가 물었지요. '여기서 무얼하고 있는 게냐?' 그러자 붕어가 '나는 원래 동해에서 살았습니다. 내가 살 수 있도록 물 한 바가지만 퍼다 주세요.' 하는 게 아니겠소? 그래서 내가 대답했지요. '내가 남쪽의 오나라와 월나라로 가서 서강의 물을 끌어다가 네게 갖다 주마.' 그러자 붕어가 벌컥 화를 내며 말했소. '물 한 바가지면 나를 살릴 수 있는데, 서강의 물이 다 무슨 소용이란 말입니까? 일 없습니다. 나중에 건어물 시장에나 와서 나를 찾으십시오!' 지금 그대의 처사가 이 얘기와 다를 바 무엇이오?"

장자의 이야기는 훗날 '학철지부涸轍之鮒'(수레바퀴 자국 속의 붕어)라는 우화로 민간에 전해진다. 이 이야기는 감하후의 인색함과 겉치레를 신랄하게 풍자함과 동시에 아주 중요한 이치를 우리에게 알려준다. 바로 어려운 사람을 도울 때는 반드시 그 시기를 정확하게 파악해야 한다는 점이다.

전국시대, 중산국의 왕이 헐벗은 노인을 만났다. 노인을 가엾게 여긴 왕은 손수 밥을 지어 먹여주고는 곧 그 일을 까맣게 잊어버렸다. 하지만 노인은 왕의 은혜를 가슴속 깊이 새기며 언젠가는 이에 보답하리라 마음먹었다. 몇 년 후 임종을 맞은 노인이 두 아들을 불러 말했다.

"중산국의 왕이 위험에 처하면 너희는 온 힘을 다해 그분을 구해야 한다."

훗날 초나라가 중산국을 공격해 왕이 곤경에 처하게 되자 두 아들은 과연 목숨을 바쳐 그를 구해냈다.

논어의 지혜

공자가 자화의 어머니에게 곡식을 적게 주려고 했던 것은 결코 인색해서가 아니었다. 불공정한 사회질서 속에서 부는 언제나 더 부유한 사람에게 돌아가게 마련이다. 뜻있는 학자의 눈에 그러한 현실이 얼마나 불합리하게 보였을까? 그렇기 때문에 덕 있는 사람이라면 온 힘을 다해 가난하고 힘없는 자들에게 먼저 부를 나누어줘야 한다. 이미 부를 가진 사람에게 도움을 줘야 한다면 그 역시 정도正道에 맞게 이루어져야 함은 물론이다.

08

물질에 구애받지 않고
인생을 즐겨라

공자가 말했다. "안회는 그 얼마나 어진가! 밥 한 공기에 물 한 바가지를 먹고 누추한 집에 살며, 보통 사람은 견딜 수 없는 근심을 즐거움으로 삼고 있지 않은가. 안회의 성품은 정말로 어질도다!"

子曰 "賢哉, 回也! 一簞食, 一瓢飮, 在陋巷, 人不堪其憂,
자 왈   현 재   회 야   일 단 식   일 표 음   재 누 항   인 불 감 기 우

回也不改其樂, 賢哉, 回也!"
회 야 불 개 기 락   현 재   회 야

(제6편 옹야雍也)

물질에 집착하지 말고 자연스럽게 살라

우리는 물질생활이 신체와 마음에 미치는 영향을 이해해야 한다. 세속적인 인간은 가난에 부딪히면 자포자기하게 마련이다. 하지만 현명한 사람은 가난하다고 해서 인생을 즐길 기회를 놓치지 않는다. 오히려 가난 속에서 위대한 업적을 남기기도 한다.

송나라 선종 희녕 7년(1074년) 가을, 항주 통판으로 있던 소동파가 밀주 지주로 부임했다. 중국에는 예부터 '하늘에는 천국이 있고 땅에는 소주와 항주가 있다'는 말이 있을 만큼, 항주는 북송시대 때부터 편리한 교통과 경제적 부유함 때문에 살기 좋은 곳으로 꼽혔다. 이런 항주에 비해 밀주는 교통이나 주거 환경 모두 낙후된 곳이었다. 게다가 소동파가 부임할 당시 계속된 흉년으로 도둑이 기승을

부렸으며 먹을 것이 없어 구기자나 국화로 끼니를 때우는 형편이었다. 사람들은 당연히 소동파의 생활이 힘들 것이라며 수군거렸다. 하지만 1년 후 그는 오히려 살이 찌고 그 많던 백발도 검게 변했다. 그 모습을 보고 사람들이 의아해하자 소동파가 말했다.

"나는 이곳의 순박함이 좋다네. 이곳 사람들 역시 나의 다스림을 기쁘게 받아들이지. 나는 한가할 때 화원을 가꾸고 물 새는 지붕을 수리한다네. 우리 집 북쪽에는 오래된 정자가 하나 있는데 조금 손을 보고 시간이 있을 때마다 찾아가지. 그곳에 가면 모든 근심을 잊을 수 있거든. 남쪽을 바라보면 마이산과 상산이 가까워지기도 하고 희미하게 멀어지기도 하는데, 그 모습이 마치 초야에 은거하고 있는 군자 같지. 동쪽의 노산은 진秦나라 노오가 도를 깨우친 곳이네. 또 서쪽에는 성곽처럼 생긴 목릉관이 있는데, 그걸 보면 사상부와 제나라 환공이 아직 살아 있는 듯하다네. 북쪽으로는 유하를 굽어볼 수 있지. 그곳을 보면 한신의 위대한 업적과 비참한 운명이 함께 생각난다네! 그 정자는 높고 조용하며, 여름에는 시원하고 겨울에는 따뜻하다네. 그래서 사계절을 불문하고 언제나 그곳을 찾아가지. 정원의 야채와 과일을 따고 연못의 물고기를 잡으며 고량주를 빚고 밥까지 지어 먹을 수 있는데, 어찌 기쁘지 않겠는가!"

청나라의 오경재 역시 살아생전에 크게 이름을 날리지는 못했지만 가난을 탓하며 고귀한 뜻을 저버리지 않고 삶을 즐긴 인물이다.

연달아 과거에 낙방한 오경재는 더는 시험을 치르지 않기로 결심하고, 대신 고향으로 돌아가 제자를 양성하며 풍자소설 《유림외사》

를 썼다. 그는 결코 자신의 불행한 운명을 한탄하거나 가난한 삶을 비통해하지 않았다. 겨울에 손이 얼어 글을 쓸 수 없게 되면 친구들을 불러 달리기 시합을 했다. 달리다 보면 몸이 따뜻해지고, 친구들과 즐겁게 이야기를 나누다 보면 마음이 편안해졌다. 그리고 집으로 돌아오면 또다시 평온한 마음으로 글쓰기에 전념할 수 있었다.

세월이 흘러 오경재의 나이도 어느덧 황혼에 접어들었다. 어느 날 밤, 그는 여느 때처럼 친구들과 술잔을 기울이며 이야기꽃을 피웠다. 집으로 돌아온 후에도 여흥이 가시지 않아 몇 잔을 더 마시고는 잠이 들었다. 그러고는 다시 깨어나지 못했다. 유품을 정리하던 친구들은 오경재가 남긴 것이 아무것도 없다는 사실을 알게 되었다. 관을 마련한 친구들은 영정을 양주에서 남경으로 옮겨주고 그를 청량산 아래에 묻었다. 평생을 가난하게 살았지만 그는 누구보다 평화롭고 행복한 죽음을 맞이했다.

시대의 인재 오경재는 고귀한 품성과 대단한 재능을 갖추었지만 평생 가난하게 살았다. 하지만 그는 《유림외사》를 통해 진정한 인생이 무엇인지를 사람들에게 알려주고자 했다. 비록 곤궁할지라도 그 속에서 즐거움을 발견해 삶을 즐기라는 인생론을 말이다.

> **❝ 논어의 지혜**
>
> 숭고한 이상을 좇으면 그때부터 세상의 번민에서 자유로워지며 인생을 즐길 수 있게 된다. 괴롭거나 가난하거나 힘들고 위험할 때도 진정 즐거울 수 있다. 이것은 경험해보지 않은 사람들은 쉽게 이해할 수 없는 경지이기도 하다. **❞**

09

경솔한 말은
화를 부른다

어떤 이가 말했다. "염옹은 사람됨이 어질지만 말주변이 없습니다."
그러자 공자가 대답했다. "말재주가 왜 필요한 것이냐? 뛰어난 언
변으로 타인의 말을 반박하면 미움을 살 뿐이다. 염옹이 어진지 아
닌지는 내 모르겠지만 언변이 좋아야 하는 까닭 역시 알 수 없다."

或曰 "雍也仁而不佞"
혹 왈　옹 야 인 이 불 녕

子曰 "焉用佞? 御人以口給, 屢憎于人. 不知其仁, 焉用佞?"
자 왈　언 용 녕　어 인 이 구 급　누 증 우 인　부 지 기 인　언 용 녕

(제5편 공야장公冶長)

신중하지 못한 글로 화를 당한 동중서

공자는 "먼저 실행한 뒤 말이 그것을 따라야 한다."고 주장했다.
그러니 그는 말주변이 없는 것을 결점으로 보지 않았다. 거리낌 없
이 아무 말이나 내뱉는 사람은 타인의 미움을 사게 마련이기 때문
이다. 이는 실생활에서도 그대로 적용된다. 이제 동중서의 이야기
를 들어보자.

동중서, 하후승, 유상, 경방 등 한나라 학자들은 자연재해를 정
치와 연관시키는 '재이론災異論'에 심취해 있었다. 그런데 그들 역시
'재난' 속에 삶을 마감했다는 사실은 흥미롭다. 그 중에서도 동중서

는 재난의 최초 피해자였다.

광천 사람 동중서는 일찍부터 《춘추공양전》을 공부했으며 경제 때는 《춘추》에 정통하여 박사를 지내기도 했다. 무제 건원 초, 현량으로 천거된 동중서는 훌륭한 계책을 올린 덕분에 강도의 재상으로 임명되었다. 훗날 그는 중대부의 자리를 버리고 집에서 한가로운 나날을 보냈다.

건원 6년(기원전 135년) 4월, 고조의 무덤에서 멀지 않은 곳에 있던 편전에 화재가 났다. 그리고 2개월 후, 요녕에 있던 고조의 사당에서 또다시 불이 나고 말았다. 동중서는 화재의 원인을 춘추시대 노나라의 궁궐과 사당에서 수차례 일어난 화재와 연관시켜 다음과 같은 내용의 책을 썼다.

요녕에 고조의 사당을 지은 것은 옳지 않은 일이었으며 편전을 무덤 옆에 지은 것 역시 예에 어긋난다. 수차례 일어난 화재는 하늘이 황제에게 내리는 계시다. 요동의 사당과 편전을 불태운 것처럼 황제 역시 간신배들을 모두 없애야 한다는 것이다. 황제는 하늘의 뜻을 저버리지 않고 이를 행동으로 옮겨야 한다.

책이 완성될 즈음, 마침 문인 주부언이 동중서의 집을 방문했다. 원래 그 속이 음흉했던 주부언은 아직 세상에 나오지도 않은 책을 몰래 빼돌려 무제에게 보여주었다. 무제는 여러 유학자들을 불러 책의 내용을 토론하도록 했다. 이때 동중서의 제자인 여보서가 그것이 스승의 책인지도 모른 채 그 내용이 터무니없다며 비판했다.

이 일로 체포된 동중서는 사형 판결을 받았지만 무제에 의해 목숨만은 건질 수 있었다. 이때부터 유명한 학자들은 다시는 재이론을 입 밖에 내지 못했다. 비록 동중서는 말이 아닌 글로 자신의 생각을 썼지만, 신중하지 못한 글로 인해 큰 화를 당하고 만 것이다.

 논어의 지혜

언어는 사상과 감정 교류를 위한 도구이다. 언어가 없었다면 인류의 발전 역시 없었을 것이다. 사람과 사람이 교제할 때 언어가 그 다리 역할을 해주지 못한다면 소통은 불가능하고 어떤 일도 제대로 이루어낼 수 없다. 그러나 언어는 일을 성공시킬 수도, 반대로 실패로 이끌 수도 있다. 그래서 옛 선인들은 항상 말을 적게 하라고 강조했던 것이다. 하지만 이것은 말을 하지 말라는 소리가 아니다. 해서는 안 될 말은 꼭 삼키고, 두 번 세 번 생각한 후에 입을 열어야 한다. 그렇지 않으면 큰 화를 당할 수 있다.

10

항상 입조심하라

공자가 말했다. "사람이 군자를 모실 때 세 가지 실수를 자주 범한다. 첫째, 때가 되지 않았는데 말하는 것으로 이를 조급하다고 한다. 둘째, 때가 되었는데 말하지 않는 것으로 이를 숨긴다고 한다. 셋째, 얼굴을 살피지 않고 말하는 것으로 이를 눈이 멀었다고 한다."

孔子曰 "侍於君子有三愆, 言未及之而言謂之躁,
공 자 왈   시 어 군 자 유 삼 건   언 미 급 지 이 언 위 지 조

言及之而不言謂之隱, 未見顔色而言謂之瞽."
언 급 지 이 불 언 위 지 은   미 견 안 색 이 언 위 지 고   (제16편 계씨季氏)

망언으로 화를 당한 하씨 부자

군왕을 모시는 신하가 왕의 속내와 표정을 살핀 후 말을 하는 것은 매우 중요하다. 이로 인해 종종 생사가 갈리기도 하기 때문이다. 그럼에도 함부로 말을 내뱉어 윗사람의 분노를 샀던 전례는 역사상 수없이 많다.

남북조 시대, 대장군의 자리에 오른 하돈은 자만에 빠진 나머지 서슴없이 동료들을 비방하곤 했다. 얼마 후, 전쟁에서 공을 세운 하돈은 분명 왕이 큰 상을 내릴 것이라며 들떠 있었다. 하지만 어찌된 일인지 오히려 관직을 박탈당하고 만다. 그러자 분한 마음이 든 그는 왕의 전령에게 함부로 욕을 하고 말았다. 이 말을 전해들은 권신 우문호는 머리끝까지 화가 나 하돈에게 자살하게 했다. 하돈은 죽

기 전 아들 하약필을 불러 담담하게 입을 열었다.

"나는 강남을 평정하고 나라에 큰 공을 세우리라 결심했다. 하지만 그 꿈을 이루지도 못하고 이제 죽게 되었으니 네가 내 뜻을 이어나가거라. 오늘 내가 죽는 것은 모두 이 혀 때문이니 너는 절대 이를 잊어서는 안 될 것이다!"

그러고는 날카로운 송곳으로 아들의 혀를 찔러 잊지 못할 교훈을 남겨주었다.

세월은 화살처럼 흘러 하약필은 어느덧 수나라의 대장군에 올랐다. 하지만 그 사이 아버지가 남긴 교훈을 서서히 잊고 말았다. 그는 자신의 자리를 지키는 데에만 매달려 아랫사람들의 원성을 샀을 뿐 아니라, 자신이야말로 진정한 재상감이라고 공공연히 떠벌리고 다녔다.

얼마 후, 평소 자신보다 못하다고 생각했던 양소가 상서우복야로 봉해지자 하약필은 분한 나머지 온갖 불만을 터뜨렸다. 소문을 들은 수 문제는 즉시 하약필을 잡아들여 그를 나무랐다.

"자네는 세 가지가 지나쳤네. 질투가 지나쳤고, 자신이 남보다 낫다는 자만심이 지나쳤으며, 함부로 입을 놀린 경솔함이 지나쳤어."

황제의 꾸중에도 하약필은 전혀 달라지지 않았다. 사람들에게 황태자와의 친분을 과시하며 이렇게 말했던 것이다.

"태자 양용과 나는 더없이 친밀한 사이라네. 태자는 아무리 중요한 기밀이라도 나한테는 다 털어놓지."

그러나 훗날 양광이 형 양용을 폐하고 황태자 자리에 올랐다. 하약필의 상황이 어떻게 변했는지는 말하지 않아도 알 것이다.

수 문제는 얼마 후 다시 하약필을 불러들였다.

"그대는 내가 고영과 양소를 재상으로 임명한 데 불만이 많다고 들었다. 사람들 앞에서 공공연하게 '그 둘은 밥 먹는 것 빼고는 아무것도 할 줄 아는 게 없다.'고 했다지? 도대체 그게 무슨 뜻인가? 혹시 황제 역시 쓸모없다고 생각하는 건 아닌가?"

그러자 하약필이 대답했다.

"고영은 오랜 벗이며 양소는 제 외숙부의 아들입니다. 누구보다도 그들을 잘 알기에 재상감으로는 부족하다고 말한 것입니다."

하약필의 신중하지 못한 대답은 곧 많은 사람들의 미움을 샀다. 자칫 그 화가 자신에게 미칠 것을 두려워한 대신들은 그동안 하약필이 조정을 비방했던 말들을 낱낱이 황제에게 고하며 사형을 주장했다. 이윽고 황제가 다시 하약필을 불렀다.

"대신들이 모두 그대를 사형시키라 청하는데 혹시 뭔가 할 말이라도 있는가?"

황제의 말에 하약필이 간청했다.

"저는 일찍이 폐하의 명을 받들어 장강을 건너가 진숙보를 생포하였습니다. 그때의 공을 봐서라도 목숨만은 살려주십시오!"

그의 이야기를 들은 황제가 씁쓸하게 웃으며 말했다.

"진陳나라로 출정했을 때 그대는 고영에게 이런 말을 했다지? '진숙보를 없애고 나면 황제에게는 더 이상 우리가 쓸모없을 것이오.' 그때 고영은 '황제는 절대 그럴 분이 아니오.'라고 대답했다더군. 게다가 진숙보를 쓰러뜨린 후 그대는 먼저 내이와 복야 자리를 요구하지 않았는가? 내 그대의 공에 맞게 상과 작위를 모두 내렸는데 어찌하여 또다시 그때의 일을 꺼낸단 말인가?"

그러자 다급해진 하약필이 머리를 조아리며 말했다.

"저는 분명 폐하의 두터운 은혜를 입었습니다. 그러니 제발 목숨만은 살려주십시오."

황제의 말에 크게 놀란 하약필은 더는 다른 사람을 비방하지 않았다. 황제는 그를 파면하는 것으로 일을 조용히 마무리했다.

 논어의 지혜

말은 일종의 예술이다. 말을 할 때는 내용과 방법이 모두 적절해야 한다. 그렇지 않으면 자신의 무지함이 드러날 수도 있고 성가신 문제를 일으킬 수도 있다. 특히 윗사람과 이야기를 나눌 때는 '세기'를 조절해야한다. 말 한 마디 실수 때문에 화를 당한 사람의 이야기는 너무나 많다. 공자의 가르침을 교훈삼아 입을 열어야 할 때를 판단하고 어떻게 열어야 하는지 그 방법 역시 항상 신중히 고민해야 한다.

11

주어진 인생을
열심히 살라

자로가 귀신을 섬기는 법을 묻자 공자가 대답했다. "산 사람을 섬기는 방법도 모르는데 어찌 귀신을 모시는 방법을 묻느냐?"

자로가 또다시 물었다. "감히 묻건대, 죽음이 무엇입니까?"

공자가 대답했다. "삶의 이치도 아직 모르는데 어찌 죽음을 알겠느냐?"

季路問事鬼神. 子曰 "未能事人, 焉能事鬼?"
계 로 문 사 귀 신　자 왈　미 능 사 인　언 능 사 귀

曰 "敢問死?" 曰 "未知生, 焉知死?"
왈　감 문 사　　왈　미 지 생　언 지 사　　　　　　(제11편 선진先進)

허상에 사로잡혀 삶을 헛되이 하지 마라

사람은 누구나 죽는다. 죽음의 그림자는 모든 시대 모든 사람의 뒤를 따라다닌다. 피할 수 없는 죽음으로 인해 사람들은 언제나 죽음을 지레 추측하고 걱정하며, 때론 삶의 부질없음을 깨닫는다. 그래서 아직 다하지도 않은 생명을 죽음에 내어주며 죽음의 노예가 되는 이들도 적지 않다. 하지만 삶의 참된 의미를 아는 사람은 자신의 육체와 영혼의 희망을 '내세'에 내어주지 않는다. 그들은 거짓된 위로를 바라기보다 적극적으로 삶을 개척하라고 말한다.

남북조시대의 무신론자 범진은 나라와 백성을 위하는 마음으로

당시 '윤회설'에 빠져 있던 조정과 민간에 날카로운 비판을 서슴지 않은 인물이다. 범진은 자는 진眞으로 남향 무양 사람이며 진晉나라 안북장군 범양의 16대손이다. 높은 관직을 지낸 아버지가 일찍 세상을 뜨는 바람에 어렸을 적 범진의 집은 무척 가난했다. 그러나 그는 어머니를 극진히 모시는 효자였다.

20세가 채 되기 전, 패국의 유헌이 제자들을 모은다는 소식을 들은 범진은 곧장 그에게 달려가 제자 되기를 청했다. 그때부터 유헌에게 가르침을 받은 범진은 누구보다 성실하고 우수한 제자가 되었다. 유헌 역시 이런 그를 무척 아끼며 직접 관례를 치러주기도 했다.

범진은 언제나 수수한 옷을 입고 짚신을 신었으며 걸어서 글방과 집을 오갔다. 당시 유헌의 제자 중에는 가마를 타고 다니는 부유한 집의 자제도 많았지만, 범진은 부끄러운 기색 없이 꿋꿋하게 공부했다. 어른이 된 후, 경문에 두루 통달한 범진은 특히 《주례》나 《예기》, 《의례》에 정통했다.

범진이 제나라에 있을 때 경릉왕 소자량에게 잠시 몸을 의탁한 적이 있다. 소자량이 열렬한 불교 신자였던 반면, 범진은 줄곧 부처의 존재를 부정했다. 어느 날 소자량이 범진에게 물었다.

"그대는 인과응보를 믿지 않는다. 그렇다면 세상에 부유한 이와 가난한 이가 있다는 사실을 어떻게 설명할 텐가?"

그러자 범진이 대답했다.

"인생은 나무에 핀 꽃과 같습니다. 모두 같은 가지에서 자라 꽃을 피우게 되지요. 바람이 불면 어떤 꽃은 대나무 발을 따라 방석 위로 떨어지고, 또 어떤 꽃은 흙담을 따라 똥통에 빠지기도 합니다. 전하께서 방석에 떨어진 꽃이라면 전 똥통에 빠진 꽃이지요."

끝내 범진을 설득하지 못한 소자량은 노발대발 성을 내며 그를 나무랐다. 이렇게 해서 관직에서 물러난 범진은 그 후 마침내 《신멸론神滅論》을 완성했다. 잠시 책의 내용을 살펴보자.

어떤 이가 물었다.

"정신이 소멸하는 이치를 깨닫는 것이 무슨 의미가 있습니까?"

내가 대답했다.

"불교는 국가의 정사를 방해하고 승려들은 사회풍속을 해친다. 그들은 마치 광풍처럼 곳곳에 퍼져 영향을 미치고 있다. 나는 이 상황이 무척이나 가슴 아프기에 그곳에서 백성을 구해내고 싶은 마음이 간절하다. 사람들은 왜 가산을 탕진해가며 부처를 따르고자 하면서 가까운 이와 불쌍한 자는 돌보지 않는가? 가난한 친구에게 쌀 한 됫박을 내밀 때는 인색한 표정을 숨기지 못하면서 부유한 승려들에게 양식을 바칠 때는 어느 때보다 즐거운 표정을 짓지 않는가! 이는 승려들은 온갖 아름다운 약속을 다 하지만 가난한 자들은 아무런 보답도 하지 못하기 때문이 아닌가? 시숙은 보답을 바라고 가난한 사람을 도운 것이 아니다. 하지만 근래 불교는 헛된 말로 사람들을 미혹시키는가 하면 지옥으로 겁을 주고 극락으로 유혹한다. 그래서 사람들은 유가의 옷을 벗고 가사를 걸치며, 조상에게 바치던 제기祭器를 버리고 바리때를 드는 것이다. 가족을 버리고 출가한 사람들 때문에 군대에는 병졸이 모자라고 관아에는 관리가 줄고 있다. 또 식량은 하는 일 없이 빈둥거리는 이들이 차지하고, 재물 역시 사원을 짓는 데 낭

비되고 있다. 불교의 유행을 막아야 하는 것은 이 때문이다. 만물의 탄생은 자연에서 출발한다는 이치를 알아야 한다. 모든 현상은 그 안의 원인 때문에 변하고 태어나고 사라진다. 때문에 탄생하려는 것을 막아서는 안 되며 사라지려는 것을 말려서도 안 된다. 오직 그들이 자연법칙과 본성에 따라 변할 수 있도록 놓아주는 것이 옳다. 백성이 밭을 갈아 곡식을 키우고 통치자가 사치를 줄이면 땅에서 나는 것은 무엇이든 모자람이 없을 것이다. 아래에서는 남은 물건을 위로 바치고 위에서는 그들을 너그럽게 대해야 한다. 이렇게 하면 생명을 보전하고 부모를 봉양할 수 있다. 또한 자신과 남을 위하고 나라를 안정시키며 패업霸業을 이룰 수 있다."

범진은 정확한 식견뿐 아니라 용감한 정신과 강한 책임감에서도 남보다 뛰어났다. 비록 많은 사람들이 그의 주장에 반대했지만 그 내용이 지금까지도 긍정적인 영향을 미치고 있다는 사실은 부정할 수 없다. 물론 살다 보면 헛된 망상에 사로잡힐 수 있다. 하지만 현실사회에 발을 굳건히 딛지 못하면 언젠가는 모든 것이 헛되고 만다는 사실을 깨달아야 한다.

《한비자》에는 이런 이야기가 실려 있다.

한 도사가 초나라 왕에게 불사약을 바쳤다. 그런데 그 약을 근위병이 먹어버리고 말았다. 잔뜩 화가 난 왕이 자신을 죽이려 하자 근위병이 태연하게 말했다.

"폐하께서 저를 죽이신다면 그것은 사람을 죽이는 약이지 어찌 불사약일 수 있겠습니까? 결국 약이 가짜라는 말이지요. 그래서 제가 폐하께서 속임수에 빠지지 않도록 먼저 약을 먹은 것입니다."

그 말이 일리 있다고 생각한 초왕은 그를 죽이는 대신 후한 상을 내렸다. 세상 어디에 불사약이 있을까? 공자는 이렇게 말한다.

"삶을 알지도 못하는데 어찌 죽음을 논한단 말이냐?"

생명의 의의는 오로지 삶에서만 찾을 수 있다. 적극적인 자세로 진실하고 기쁘게 삶을 영위해야 인생의 참맛을 알 수 있으며, 그런 노력 자체에 인생의 진정한 가치가 있다.

> ❝ 논어의 지혜 ────
>
> 신, 삶, 죽음, 귀신. 이 모두는 철학적인 범주에서 역사상 인류가 가장 많은 관심을 쏟아온 문제이다. 사실 이 모두는 하나하나 서로 연결되어 있다. 공자는 귀신의 존재를 믿었다. 하지만 그 존재에 너무 집착하기보다는 일정한 거리를 유지해야 한다고 주장했다. 그는 인간사의 이치를 제대로 헤아려야만 비로소 귀신의 존재나 가치도 이해할 수 있다고 생각했다. 그렇게 하면 귀신의 노예도, 재물의 노예도 되지 않을 수 있으니 말이다.
>
> 공자는 예악과 교화를 통해서만 사람과 자연의 조화, 사람과 사회의 조화 그리고 심신의 조화를 얻을 수 있다고 했다. 다른 종교와 달리 유교는 현생과 교육 그리고 도덕적 수양을 더욱 중요하게 생각한다. 이처럼 삶에 대한 대범하고 의연한 태도를 강조한 유교의 가르침은 오늘날을 사는 우리에게도 시사하는 바가 크다. ❞

12

충고를 겸허하게
받아들여라

진사패가 물었다. "노나라의 소공은 예를 아는 분입니까?"

공자가 대답했다. "예를 안다."

공자가 물러가자 진사패는 공자의 제자 무마기에게 읍하고 말했다. "듣자 하니 군자는 무리를 지어 편을 들지 않는다 했습니다. 그런데 당신의 선생 같은 군자도 같은 무리를 편드는 겁니까? 소공은 유가의 법도에 어긋나게 같은 성씨의 아내를 맞이하고는 이를 드러내지 않기 위해 '오맹자'라 불렀다 합니다. 만약 그런 소공이 도를 안다고 하면 세상에 예를 모르는 사람이 누가 있겠습니까?"

무마기에게 이 말을 전해들은 공자가 말했다. "나는 정말이지 행복하다. 잘못이 있으면 다른 이들이 반드시 그것을 알려주니 말이다."

陳司敗問 "昭公知禮乎?" 孔子曰 "知禮." 孔子退,
진 사 패 문　소 공 지 례 호　공 자 왈　지 례　공 자 퇴

揖巫馬期而進之, 曰 "吾聞君子不黨, 君子亦黨乎? 君取於吳,
읍 무 마 기 이 진 지　왈　오 문 군 자 불 당　군 자 역 당 호　군 취 어 오

爲同姓, 謂之 '吳孟子'. 君而知禮, 孰不知禮?"
위 동 성　위 지 오 맹 자　군 이 지 례　숙 부 지 례

巫馬期以告. 子曰 "丘也幸, 苟有過, 人必知之."
무 마 기 이 고　자 왈　구 야 행　구 유 과　인 필 지 지　　　　(제7편 술이述而)

채환공과 고여백

우리 주변에는 자신만이 옳다고 생각하여 다른 이의 말에 귀 기울이지 않는 사람이 많다. 그들에게 있어 다른 사람의 충고는 자신

에 대한 무시와 모욕일 뿐이다. 그런 사람들은 분명 자신의 잘못을 알면서도 고치지 않는다. 편작의 이야기를 듣지 않았던 채환공처럼 말이다.

전국시대 제나라에는 의술이 뛰어난 진월인이라는 의원이 있었다. 신기에 가까운 그의 의술 때문에 사람들은 그를 편작扁鵲(상고시대의 명의-옮긴이)이라고 불렀다. 이 때문에 지금도 많은 사람이 그의 본명보다는 편작이라는 별명에 익숙하다.

어느 날 우연히 채환공을 만난 편작은 그의 안색이 좋지 않은 것을 보고 말했다.

"공께선 병이 있으십니다. 허나 병이 피부에 퍼져 있으니 속히 치료하면 괜찮을 겁니다."

그의 이야기를 들은 채환공이 불쾌한 표정으로 대꾸했다.

"쓸데없는 소리! 난 아픈 데 없네."

편작을 쫓아버린 채환공은 주위 사람들을 둘러보며 말했다.

"의원들은 왜 다 저 모양이라지. 아픈 데도 없는 사람에게 병이 있다고 말하며 고명한 의술을 자랑하고 싶어 안달이니!"

닷새가 지난 후 편작이 다시 채환공을 찾아와 말했다.

"공의 병은 이제 근육까지 퍼졌습니다. 빨리 치료하지 않으면 병이 위중해질 것입니다."

하지만 채환공은 여전히 그의 말을 무시했고 편작은 어쩔 도리 없이 발길을 돌려야 했다. 다시 닷새가 지나고 채환공을 찾아온 편작은 눈썹을 찌푸리며 입을 열었다.

"이제 병이 장까지 번졌습니다. 속히 치료하지 않으면 위험합니다."

채환공은 이번에도 편작의 말을 듣지 않았다. 또다시 닷새가 지난 후 채환공을 찾은 편작은 그의 얼굴을 한번 보더니 아무 말 없이 자리를 떠났다. 그러자 이를 이상하게 여긴 채환공이 사람을 보내 그 이유를 물었다.

"왜 이번에는 아무 말도 하지 않고 돌아갔느냐?"

그러자 편작이 대답했다.

"병이 피부에 머물러 있을 때는 더운 물로 몸을 데우는 것만으로도 치료할 수 있습니다. 근육에 퍼진 병은 침을 맞으면 금세 회복되지요. 병이 장에 퍼졌을 때는 탕약을 먹으면 나을 수 있습니다. 하지만 골수까지 퍼진 병은 무엇으로도 고치기 힘듭니다. 지금 공의 병은 골수까지 퍼졌습니다. 치료하려 해도 이제 방법이 없습니다."

하지만 채환공은 끝까지 편작의 말을 믿지 않고 오히려 웃음을 터뜨렸다. 그로부터 닷새 후 채환공은 갑자기 온몸이 아프기 시작했다. 그제야 편작의 말을 믿게 되었지만 때는 이미 늦은 터였다. 채환공은 결국 세상을 떠나고 말았다.

훗날 사람들은 이 이야기에서 '휘질기의諱疾忌醫'라는 사자성어를 만들어냈다. 병을 숨기고 의원을 꺼린다는 뜻으로, 자신의 결점을 감추고 다른 사람이 지적해도 인정하지 않는 행동을 꼬집는 말이다.

명나라의 고여백이 진사에 급제하자 그를 키운 숙부가 걱정스러운 얼굴로 말했다.

"네가 진사에 급제했지만 나는 기쁘기보다는 오히려 걱정이 앞서는구나. 관직에 오르면 마음가짐이 헤이해질 테니 이제 매일 너의 행동을 기록해 내게 보내도록 해라."

그러자 고여백이 섭섭한 표정으로 말했다.

"여태껏 숙부님 옆에서 자란 저를 아직도 믿지 못하신단 말입니까?"

그렇게 말은 했지만 못내 마음이 편치 않았던 고여백은 주위 사람들에게 자신이 혹시 조금이라도 변했는지 물었다.

"옛날과 비교해보면 조금 다른 것이 사실입니다."

그 말에 충격을 받은 고여백은 숙부의 충고대로 매일 자신의 언행을 빠짐없이 기록했다. 예상 외로 너무 많은 결점을 발견한 그는 그때부터 열심히 경문을 공부하며 인격 수양에 힘썼다. 시간이 갈수록 공책에 쓰인 결점이 점점 줄어 훗날 그는 제학의 자리에 올랐다.

청나라의 서문정 역시 이와 비슷한 방법으로 매일 스스로를 다잡았다. 그는 노란 콩과 검은 콩을 가까이 두고 좋은 일을 하면 노란 콩을, 나쁜 일을 하면 검은 콩을 병에 넣었다. 처음에는 검은 콩이 더 많았지만 시간이 지날수록 병에 넣는 검은 콩의 개수가 점점 줄어 마침내는 노란 콩이 훨씬 더 많아졌다.

> **❝ 논어의 지혜**
>
> 잘못을 숨기고 인정하지 않는 태도는 어떤 이득을 가져올까? 많은 사람들이 자신이 틀렸다는 것을 알면서도 마음으로 이를 받아들이지 못한다. 어리석기 때문이다. 진정한 현자는 항상 자신의 말과 행동을 반성한다. 알면서도 잘못을 범하는 어리석은 짓을 하지 않기 위함이다. **❞**

제2장

처세를 위한
논어의 지혜

다른 사람과 어울리는 방법에서 공자가 제시한 참된 지식과 명철한 견해는 세상과 인간에 대한 깊은 관심과 이해에서 비롯된 것이다. 그의 견해는 곧 우리의 말과 행동을 바른 곳으로 이끄는 경전이라 할 수 있다. 공자는 올바른 원칙과 적절한 융통성을 발휘할것을 권한다. 또 거짓과 위선, 아집과 편견에서 벗어나야 한다고주장한다. 인생을 달관한 공자의 태도와 적극적인 자세는 오늘날의 우리가 배워야 할 귀중한 지혜이다.

01

다른 사람을
이해하라

공자가 말했다. "남이 나를 알아주지 않는 것을 걱정하지 말고 내
가 남을 모르는 것을 두려워하라."

子曰 "不患人之不己知, 患不知人也."
자 왈 불 환 인 지 불 기 지   환 부 지 인 야   (제1편 학이學而)

조조의 뜻을 헤아리지 못한 순욱

일부 지식인들은 남이 나를 몰라주는 것을 걱정하고, 다른 사람
에 대한 이해를 소홀히 생각한다. 바로 이 때문에 심각한 문제가 생
기기도 한다. 특히 윗사람이 정말로 원하는 것이 무엇인지 이해하
지 못한 채 자신의 판단만으로 일을 처리하는 것은 지극히 위험한
일이다. 삼국시대 순욱의 운명이 바로 그 대표적인 예다.

동한 말년에 태어난 순욱은 왕을 보필할 인재라 불릴 만큼 재주
가 뛰어난 인물이었다. 영한 원년, 효렴으로 천거되어 수궁의 현령
으로 부임한 그는 훗날 동탁의 난이 일어나자 관직을 버리고 낙향
했다. 이윽고 세력을 잡은 원소는 순욱을 상빈의 예로 대했지만 원
소가 대업을 이룰 만한 그릇이 되지 못함을 간파한 그는 조조에게
몸을 의탁했다.

"그대는 진정 나의 자방子房(전한의 명장 장량을 가리킴-옮긴이)이다."

58

조조는 기쁨을 감추지 못하며 곧바로 그를 사마(군사와 운수에 관한 일을 맡아 보던 벼슬-옮긴이)로 임명했다.

흥평 원년(194년), 도겸을 치러간 조조는 순욱에게 수도인 허창을 지키도록 했다. 때마침 장막과 진궁은 여포와 몰래 손잡고 연주에서 반란을 일으켰다. 조조의 대군이 도겸과 싸우느라 정신이 없을 때 대부분의 장수와 관리들은 모두 장막과 진궁의 편으로 돌아서고 말았다. 이때 예주자사 곽공이 병사 수만을 이끌고 허도의 성 아래로 진격했다. 그가 여포와 결탁해 반란을 일으킬 것이라 생각한 사람들은 모두 두려움에 몸을 떨었다. 그러나 혼자 수도를 지키고 있던 순욱이 세치 혀로 곽공을 물러가게 하자 민심은 빠르게 안정되었다. 얼마 후 전장에서 돌아온 조조는 순욱의 공을 입이 마르도록 칭찬했다.

황건의 난을 진압하고 여포와 장수, 원소를 차례로 물리친 조조의 곁에는 항상 모사 순욱이 있었다. 순욱은 위기 상황에서 언제나 훌륭한 계책을 내놓으며 수많은 공을 세웠다.

건안 원년(196년), 이미 상당한 세력을 확보한 조조였지만 여전히 여러 제후들을 자신의 편으로 끌어들이지 못해 골머리를 앓고 있었다. 이에 순욱은 조조에게 한의 헌제를 허도로 데려오자고 제안했다. 많은 사람들이 이를 반대하고 나섰지만 순욱의 책략은 성공을 거두었다. 천자를 옆에 둔 조조는 이때부터 제후들을 호령할 수 있었다. 이 일로 더욱 두터운 신임을 받게 된 순욱은 시중으로 승진하고 상서령으로 임명되어 국가의 모든 대사에 관여하는 막대한 권한을 얻었다. 더욱이 그가 추천한 곽가와 같은 우수한 인재들이 모두 기대를 저버리지 않고 큰 공을 세워 그의 이름을 드높였다.

건안 5년(200년), 조조와 원소가 관도에서 대치할 때였다. 처음부터 군사력에서 열세를 보인 조조의 군대는 얼마 지나지 않아 군량마저 바닥이 났다. 그러자 군심이 금세 동요되어 패배는 이미 결정된 듯 보였다. 조조와 다른 모사들은 어쩔 수 없으니 서둘러 허도로 돌아갈 것을 청했지만 순욱이 나서서 조조를 말렸다.

"지금의 위기를 극복하고 적당한 때를 기다려야 합니다. 기병들을 이용해 승리를 거두어 대업을 도모하시지요."

결국 순욱의 건의를 받아들인 조조는 원소를 물리치고 하북을 평정함으로써 대업을 위한 튼실한 기반을 다질 수 있었다.

이렇게 많은 공을 세운 순욱은 더 높은 관직에 오르거나 평생 써도 줄지 않는 어마어마한 상금을 받아야 했다. 하지만 그는 오히려 억울하게 죽임을 당하고 말았다.

사실 조조는 세력을 확장하며 서서히 자신의 야심을 드러내기 시작했지만 순욱은 미처 이를 알아차리지 못했다. 어쩌면 그는 처음부터 조조를 정확하게 이해하지 못했는지도 모른다. 또 다른 모사 동소가 황제에 오르려 하는 조조의 야심을 꿰뚫어보고 조조에게 이를 먼저 제안한 것과 비교하면 너무나도 다른 모습이다. 당시 동소가 이 문제를 의논하러 왔을 때 순욱은 펄쩍 뛰며 이렇게 말했다.

"조공은 본래 의병을 일으켜 나라의 안녕을 도모하려 했소. 그런 사람이 황제를 자처하려 하다니, 군자로서 절대 해서는 안 될 짓이오!"

이 말을 들은 조조는 불같이 성을 내며 이때부터 순욱을 멀리하기 시작했다. 하지만 이를 전혀 알아차리지 못한 순욱은 늘 '의'와 '덕'을 내세우며 조조를 설득하려 했고, 당연히 두 사람의 사이는 더욱 멀어지고 말았다.

조조는 꽉 막힌 순욱이 대업을 이루는 데 방해가 된다고 생각했다. 얼마 후, 손권을 치기 위해 조조의 대군이 유순에 도착했을 때 순욱은 병으로 자리에 눕고 말았다. 병상에 누운 그에게 조조가 보낸 상자가 하나 도착했다. 의아한 마음으로 상자를 열자 속이 텅 비어 있는 게 아닌가? 조조의 뜻을 알아차린 순욱은 긴 한숨을 내쉰 후 독약을 삼켰다. 그리고 이듬해 조조는 위공의 자리에 올랐다.

논어의 지혜

대부분의 사람들은 다른 사람들이 자신의 재능을 알아주지 않는 것을 걱정한다. 심지어 자신을 알아보지 못하는 세상을 원망하기도 한다. 그러나 그런 걱정은 모두 쓸모없을 뿐이다. 게다가 그런 생각을 하는 사람은 원래 재능이 없는 경우가 많다. 정말 중요한 것은 남이 나를 알아주는 것이 아니라 내가 다른 사람을 이해하는 것이다. 진정으로 다른 사람을 이해하지 못하면 진실한 친구가 될 수 없고, 어진 사람을 쓸 수도 없다. 그리고 결정적인 시기에 하려는 일에 나쁜 영향을 미칠 수 있다.

02

자신에게는 엄하고
남에게는 관대하라

공자가 말했다. "무슨 일이든 자신은 엄하게 꾸짖고 남을 책망하는
것은 가볍게 하면 남이 원망하는 소리를 멀리할 수 있다."

子曰 "躬自厚而薄責於人, 則遠怨矣."
자 왈　궁 자 후 이 박 책 어 인　즉 원 원 의　　　　　(제15편 위령공衛靈公)

관용은 덕으로 돌아온다

춘추시대, 초나라 장왕이 신하들과 함께 성대한 연회를 열었다.
한참 술잔이 오가고 모두 거나하게 취했을 때 갑자가 불어온 바람
에 촛불이 꺼져버렸다. 그리고 잠시 후, 왕의 옆에 앉아 있던 애첩
이 날카로운 비명을 지르는 게 아닌가? 놀란 장왕 물었다.

"무슨 일이냐?"

"폐하, 촛불이 꺼진 틈을 이용해 방금 누군가가 제 팔을 잡아끄는
무례를 범했습니다. 다행히도 그가 쓴 모자의 끈을 끊어 놓았으니
어서 불을 켜고 그자를 잡아주세요."

애첩의 이야기를 잠자코 듣던 장왕이 아무렇지 않다는 표정으로
입을 열었다.

"내가 상으로 내린 술이 너무 과했나 보구나. 술이 취하면 그럴
수도 있지 않겠느냐."

그리고 다음과 같이 덧붙였다.

"오늘은 모두 진탕 마셔보자꾸나. 모자 끈이 끊어질 정도로 마시지 않으면 흥이 나지 않은 것으로 알겠다."

그러자 모든 신하가 서둘러 모자 끈을 잘라버리고 술잔을 비웠다.

그로부터 3년 후, 초나라가 진晉나라와 전쟁을 벌였을 때 유독 한 장수가 죽기 살기로 전투에 임했다. 싸움에서 이긴 후 장왕이 이 장수를 불러 의아하다는 듯 물었다.

"내 평소 그대에게 특별히 잘해준 것도 없거늘 어찌 그리 온힘을 다해 싸우셨소?"

이에 장수가 감격에 겨운 얼굴로 대답했다.

"폐하, 그날 밤 모자 끈이 잘렸던 자가 바로 저였습니다."

보라, 관용을 입은 사람은 절대 그 은혜를 잊지 않는다!

춘추시대 진秦의 목공이 아끼던 말을 마을 사람 300명이 잡아먹은 일이 발생했다. 관리들은 즉시 그들을 잡아들여 엄중히 다스려야 한다고 말했지만 목공은 고개를 가로저으며 이야기했다.

"가축 한 마리를 잃었다고 해서 300명의 백성을 다치게 할 수는 없다. 말고기를 먹으면서 술을 마시지 않으면 몸에 해롭다고 하니 그들에게 술을 준 뒤 모두 풀어줘라."

얼마 후 목공은 진晉나라와 한원에서 전투를 벌였다. 300명의 백성은 이 소식을 듣자마자 전쟁터로 달려갔다. 마침 적에게 포위되어 사투를 벌이던 목공은 진나라 병사와 죽기 살기로 싸우는 그들 덕분에 무사히 목숨을 구할 수 있었다.

한나라의 병길이 승상 자리에 올랐을 때의 일이다. 평소 술을 좋아하던 마부가 그만 병길이 타고 다니던 마차에 오물을 토해냈다. 그러자 주위 사람들은 당장 그를 쫓아내야 한다며 길길이 날뛰었다. 하지만 병길은 조용히 만류했다.

"술 취해 실수한 사람을 쫓아낸다면 그가 어디에 가서 일을 할 수 있겠소? 한 번 실수한 것이니 그냥 용서해주시오. 어차피 마차가 좀 더러워진 것뿐이잖소."

그 후 어느 날, 외출했던 마부는 한 기병이 붉은색과 흰색 보따리를 가지고 황급히 말을 달리는 광경을 목격했다. 마침 변경 출신이었던 마부는 국경의 긴급한 상황을 보고하는 일에 익숙했다. 마부는 기병이 국경의 긴급 상황을 보고하는 문서를 가지고 있다는 사실을 알아차리고, 뒤를 쫓아 성 안으로 들어가 흉노가 운중과 대군을 침범했다는 정보를 입수했다. 그러고는 즉시 병길에게 달려가 그 사실을 보고했다.

"흉노가 침입한 지역의 병력은 약하기 그지없습니다. 그러니 먼저 그곳과 관련된 상황을 조사해보시는 게 좋을 듯합니다."

병길은 즉시 부하들을 시켜 침략당한 지역의 관리들과 관련된 자료를 모아오도록 했다. 얼마 후, 황제는 승상과 어사를 궁으로 불러 흉노가 침입한 지역 관리들의 상황을 물었다. 병길은 미리 대비해 놓은 터라 막힘없이 대답했지만 어사대부는 땀을 뻘뻘 흘릴 수밖에 없었다.

논어의 지혜 ────────

"자신에게는 엄격하고 남에게는 관대하라." 이는 예부터 전해오는 처세의 원칙이다. 늘 나의 인격 수양에 힘쓰며 타인에게 관용을 베풀면 존경과 우정을 얻을 뿐 아니라 다른 사람에게 미움받는 일도 없다.

남을 먼저 생각하고 타인의 가벼운 잘못은 웃어넘겨라. 그러면 상대방은 스스로 잘못을 발견하고 그것을 고치려 할 것이고, 상대가 베푼 관용에 감사하며 은혜를 갚기 위해 노력할 것이다. 이것이 바로 처세에서 가장 뛰어난 지혜이다.

03

화합하되 맹목적으로
따르지는 마라

공자가 말했다. "군자는 화합하되 동화되지 않으며, 소인배는 어울리되 화합하지 않는다."

子曰 "君子和而不同, 小人同而不和."
자 왈   군 자 화 이 부 동   소 인 동 이 불 화   (제13편 자로子路)

황제 앞에서도 주눅 들지 않았던 조진

흔히 '관계' 때문에 옳고 그름을 판단하지 못할 때도 있다. 친구 사이에 의견 차이가 생겼다고 생각해보자. 설령 그것이 도리에 맞지 않는다 하더라도 많은 사람들이 어물쩍 넘어가려 하고, 자신에게 별다른 해가 되지 않으면 그것 때문에 굳이 얼굴을 붉히거나 목소리를 높이지 않는다. 그러나 이는 무책임한 행동이다. 만약 이 때문에 타인이나 공공의 이익에 해가 된다면 그 책임은 누구에게 있는 것일까?

송나라의 개국공신 조진은 잘잘못을 따지는 일에서는 상대가 설령 황제라 할지라도 결코 자신의 생각을 굽히지 않았다. 충직한 마음으로 황제를 보필하면서도 언제나 '화합하되 동화되지는 않는다'는 원칙을 고수했던 것이다.

원래 조광윤(송 태조)의 부하로 장서기를 지냈던 조진은 조광윤이 황제의 자리에 오르는 데 큰 공을 세웠다. 또한 태조와 태종 두 황제를 도와 대부분의 영토를 통일하였다.

조진은 원래 책을 가까이하지 않던 사람이었다. 그러나 재상이 된 후 태조의 권유로 읽기 시작한 독서습관은 어느새 하루도 손에서 책을 놓지 않을 정도까지 되었다. 그는 일을 마치고 집에 돌아오면 항상 서재의 문을 닫아 걸고 밤늦도록 책을 읽었다. 그리고 다음 날 정무에 임하면 언제나 명쾌하게 일을 처리했다.

평소 조진이 어떤 책을 읽는지는 아무도 몰랐다. 그가 죽고 나서야 비로소 열어본 그의 책 상자 속에는 《논어》만 있었다고 한다. 이때부터 '논어를 반만 읽으면 나라를 다스릴 수 있다.'라는 말이 생겨났다.

역대 중국의 재상 중 대부분은 자신의 이익을 위해 언제나 황제의 비위를 맞추기에 여념이 없었다. 하지만 조진은 나라를 올바로 다스리는 것이야말로 자신의 본분이라 생각했다. 그래서 황제와 의견이 다를 때에도 자신의 생각이 국가에 도움이 된다고 판단하면 직언을 서슴지 않았다.

한번은 조진이 한 명의 인재를 천거했지만 웬일인지 송 태조는 그를 임용하지 않았다. 다음날 조정에 나간 조진은 또다시 그를 추천했지만 황제는 여전히 고집을 꺾지 않았다. 그리고 3일째 되던 날, 조진은 어김없이 또 그를 천거했다. 그러자 화가 머리끝까지 오른 황제는 조진이 내민 상주문을 박박 찢어 던져버렸다. 하지만 조진은 얼굴색 하나 변하지 않고 아무 말 없이 조각난 상주문을 주워 집으로 돌아갔다. 며칠 후 조진은 풀로 붙인 상주문을 다시 황제 앞에 내밀었다. 그제야 조진의 행동이 옳았다고 판단한 황제는 그 인재를 임용했다.

한번은 이런 일도 있었다. 송 태조는 평소 눈엣가시로 여기던 관리를 일부러 승진시키지 않았다. 그러나 조진이 완강한 태도로 그의 승진을 주장하자 화가 난 태조가 일갈했다.

"아무리 그래도 난 그를 승진시키지 않을 것이다! 그렇다고 한들 그대가 어쩔 수 있겠는가?"

조진이 담담하게 입을 열었다.

"형벌은 잘못된 이를 벌하기 위한 것이며 상은 공을 세운 이를 치하하는 것입니다. 그것은 예부터 전해오는 도리이지요. 게다가 상벌은 천하의 것이지 폐하 한 사람의 것이 아니옵니다. 그런데 어찌 개인적인 감정으로 독단적으로 처리하려 하십니까?"

화가 잔뜩 치민 황제가 자리를 박차고 나가자 조진은 가만히 그 뒤를 따랐다. 황제가 궁 안으로 들어간 후에는 입구에서 답을 기다렸다. 그렇게 오랜 시간 서 있자 마침내 황제의 윤허가 떨어지고 조진은 그제야 자리를 떠났다.

송 태종 때 조진은 다시 한 번 재상의 자리에 올랐다. 당시 조빈이 법도에 어긋나는 짓을 했다는 미덕초의 참언을 믿은 송 태종이 그를 벌하려고 했다. 그러나 조빈의 무고함을 알았던 조진은 온 힘을 다해 그를 변론하며 사건의 진상을 밝혔다. 얼마 후 사실을 알게 된 송 태종은 이렇게 탄식했다.

"내가 모자라 자칫하면 국가의 대사를 망칠 뻔했구나."

사람이나 일을 대하는 태도에서 군자와 소인배의 차이는 무엇인가? 군자는 소인배와 달리 '의義'를 숭상해 불합리한 일에는 단호하게 '아니오'라고 외칠 수 있다. 그러나 소인배는 '이利'를 탐해서 자신에게 손해되는 일은 절대 하지 않으며, 이익이 되면 무엇에든 껴든다.

'화합'은 인간관계에서 가장 이상적인 모습이다. 공자가 여기에서 주장한 '화합'은 상대방과 나의 차이를 인정하고 모두가 받아들일 수 있는 해결 방안을 찾음으로써 함께 발전하는 것을 의미한다. '화합'은 사람과 사람의 관계뿐 아니라 사람과 자연, 사람과 사회의 관계에서도 중요한 덕목이다.

04

내가 하기 싫은 일은
남에게도 강요하지 마라

자공이 "평생 실천해야 할 한 글자가 있습니까?"라고 묻자 공자가
대답했다. "그것은 바로 서(恕, 관대함)이다! 자신이 원치 않는 것은
남에게도 강요하지 마라."

子貢問曰 "有一言而可以終身行之者乎!"
자 공 문 왈   유 일 언 이 가 이 종 신 행 지 자 호

子曰 "其恕乎! 己所不欲 勿施於人."
자 왈   기 서 호   기 소 불 욕   물 시 어 인   (제15편 위령공衛靈公)

정치가의 관용

공자가 말하는 '기소불욕 물시어인己所不欲勿施於人'(내가 하기 싫은
일은 남에게도 강요하지 마라)은 많은 뜻을 내포하고 있다. 공자는 정치
인은 항상 너그러워야 한다고 강조했다. 윗사람은 정해진 직책 권
한 내에서 아랫사람을 대하며 월권을 행사해서는 안 된다. 정치가
는 마치 하늘에 제사를 지내는 것처럼 신중하고 경건한 태도로 백
성을 대해야 한다. 그것이 바로 참된 정치가의 모습이다. 평범한 사
람도 마찬가지다. 남을 탓하기보다는 자신에게 엄격하고 나보다 남
을 귀하게 여기며 상대방을 먼저 생각해야 한다. 《정관정요》에는
다음과 같은 이야기가 수록되어 있다.

정관 4년, 당 태종 이세민이 위징과 함께 황제의 마음가짐에 관해

이야기를 나누었다. 이세민이 먼저 입을 열었다.

"궁실을 넓히고 정원을 감상하는 것은 모든 황제의 소망일 것이오. 하지만 백성은 그것을 바라지 않소. 황제는 교만과 사치를 원하지만 백성은 노동과 피로를 원하지 않지. 세상에 누군들 그것을 좋아하겠소? 공자는 '기소불욕 물시어인'이라 하지 않았소? 그러니 과도한 노동을 백성에게 강요해서는 아니되오. 지금 황제의 자리에 있는 나는 천하를 가졌소. 이럴 때 입장을 바꾸어 모든 일을 처리할 수 있다면 그것이야말로 진정으로 나의 욕망을 절제하는 것이지. 백성이 원하지 않는 것을 억지로 시키는 것은 민심에 순응하지 못하는 행위요."

이번에는 위징이 말했다.

"폐하께서는 언제나 백성을 가엾이 여기시고 스스로를 절제하고 민심에 따르고자 하셨습니다. 소신은 '자신의 욕망을 억누르고 민심을 돌보면 강성하지만, 백성의 피와 땀으로 기쁨을 얻고자 하면 멸망한다'는 이야기를 들은 적이 있습니다. 탐욕스러운 수 양제는 자신에게 바른 말을 하는 신하들을 모두 엄벌로 다스렸습니다. 윗물이 맑아야 아랫물도 맑은 법, 황제가 그 지경이니 나라 전체가 사치와 향락으로 물들고 결국에는 멸망하는 건 당연지사입니다. 비단 역사책에서뿐 아니라 폐하도 이를 직접 목격하시지 않았습니까?"

잠시 말을 끊은 위징이 충직한 어조로 이야기했다.

"지금 폐하의 욕망이 충족되었다고 생각하시더라도 바로 그 욕망을 절제하셔야 합니다. 혹여 아직도 만족스럽지 않다고 생각하신다면…… 아무리 노력해도 그 욕망은 채워지지 않을 것입니다."

위징의 말에 이세민은 호탕하게 웃으며 답했다.

"진정 그대의 말이 맞다. 그대가 아니면 누가 내 앞에서 이런 말을 할 수 있겠는가!"

언젠가 한 공경 대신이 이세민에게 상소를 올렸다.

"《예기》에 따르면 여름의 마지막 한 달은 고지대에 있는 누각에서 기거해야 한다고 합니다. 아직 무더위도 가시지 않았고 가을비가 막 시작되어 지대가 낮은 황궁은 습하기 그지없습니다. 그러니 서둘러 누각을 지어 그곳에 머무르십시오."

이세민이 대답했다.

"나는 천식을 앓고 있어서 습한 곳은 건강에 좋지 않다. 게다가 더위를 피하기 위해 행궁을 짓는 것이 잘못된 일도 아니다. 하지만 그대들의 청에 따른다면 그 얼마나 큰 낭비이겠는가? 한 문제는 노대露臺를 짓기 위해 10호戶가 넘는 가문의 재산을 써야 한다는 사실을 알고는 포기했다. 덕행이 그에 못 미치는 내가 사치스럽기까지 하다면 그 어찌 덕 있는 군주라 할 수 있겠는가?"

공경이 거듭 간청했지만 이세민은 결국 행궁 짓는 일을 허락하지 않았다. 이세민은 자신의 물욕을 다스리면서 '기소불욕 물시어인'의 도리를 실천했다. 사실 이를 지키는 방법은 여러 가지다. 상대방 입장에서 생각한다거나 다른 사람이 바라는 것을 이해하고 타인의 잘못을 용서하는 것이 바로 '서恕'의 실천이다.

청나라 강희 원년, 문화전대학사이자 예부상서 장량은 안휘 동성에 있는 어머니로부터 서신을 받았다. 새로 집을 짓는 문제로 이웃

인 엽씨 가문과 문제가 생겼음을 알리는 내용이었다. 이웃집 역시 집을 늘리려고 하던 참에 두 집안 모두 한 치의 양보를 하지 않아 문제가 커진 것이다. 어머니는 글의 말미에 장량에게 손을 써줄 것을 은근히 당부해놓았다. 한참 생각에 잠긴 장량은 시 한 수를 지어 어머니에게 보냈다.

> 천 리 먼 곳 고향에서 온 편지가
> 고작 담장 때문이라네.
> 세 척을 양보한들 어떠하리오.
> 만리장성은 아직도 멀쩡하건만
> 그 옛날 진시황은 보이지 않네.

아들의 편지를 읽고 그 뜻을 깨달은 어머니는 곧 정원의 담을 세 척이나 양보했다. 한편 이를 알게 된 이웃집 역시 자신들의 행동을 부끄럽게 여기고 세 척 양보했다. 이렇게 해서 장씨와 엽씨 가문의 집 사이에는 육 척 너비의 길이 생겼다. 오늘날 사람들은 동성에 있는 이 길을 '육척항'이라고 부른다.

66 **논어의 지혜**

서恕는 일종의 역지사지易地思之다. 덕을 갖춘 사람은 다른 사람을 도와주지는 못해도 적어도 자기가 하기 싫은 일을 상대방에게 떠넘기지는 않는다. 대신 먼저 상대방의 입장을 고려한다.

99

05
보이지 않는 것을 보는 것이
참된 지혜다

공자가 말했다. "한 사람을 이해하려면 그의 행동을 보고, 그가 일하는 방법을 살피며 그 취미를 관찰하라. 이렇게 하면 어찌 사람들이 자기를 숨길 수 있으리오. 어찌 사람들이 자기를 숨길 수 있으리오."

子曰 "視其所以, 觀其所由, 察其所安. 人焉廋哉? 人焉廋哉?"
자 왈 시 기 소 이 관 기 소 유 찰 기 소 안 인 언 수 재 인 언 수 재

(제2편 위정爲政)

왕망을 잘못 봐 나라를 빼앗긴 왕정군

어떤 사람을 정확하게 판단하는 것은 매우 어려운 일이다. 특히 상대방이 갖은 방법으로 자신의 진짜 모습을 숨기고 있을 때는 더욱 그러하다. 그러나 사람을 잘못 본 진짜 원인은 그를 올바르게 관찰하지 못한 나에게 있다.

서한의 왕망은 지금까지도 간신의 대명사로 알려져 있다. 그는 재주가 남다른 인물이었음은 부인할 수 없다. 병졸이나 무기의 힘을 빌리지 않고 온전히 권모술수만으로 황제의 자리를 빼앗았으니 말이다. 그것은 기적과 같은 일이었다. 왕망이 야심을 이룰 수 있었던 데는 사실 그의 고모이자 황후였던 왕정군의 도움이 컸다.

가난한 집에서 태어나 일찍 아버지를 여읜 왕망은 어머니와 함께

어려운 생활을 했고, 왕정군은 물심양면으로 그들을 도와주었다. 왕정군은 주위의 반대에도 아랑곳하지 않고 왕망의 벼슬길을 열어 주는 데 온 힘을 쏟았다. 그에 힘입어 왕망은 서른에 대사마의 자리에 올랐다. 왕망의 승승장구를 지켜보던 한 신하가 걱정스러운 듯 왕정군에게 이렇게 조언했다.

"왕망이 비록 황후의 친척이기는 하오나 더 이상의 은혜를 베푸셔서는 안 됩니다. 겉으로는 인품이 훌륭한 듯 보이지만 그가 마음속으로 황후께 감사하고 있는지는 의심스러울 따름입니다. 그런 그의 세력이 더 커지는 날엔 황후뿐 아니라 한나라의 미래도 장담하기 어려울 것입니다."

그러나 왕망의 연기력은 일품이어서 여러 대신들의 간언에도 왕정군은 좀처럼 그의 본모습을 알아차리지 못했다. 그러던 어느 날 왕정군이 왕망을 불러 말했다.

"오늘날 네가 있게 된 것은 나의 공이 아니다. 그것은 모두 황제의 은혜 덕분이다. 우리 왕씨 가문이 황제의 은공에 얼마나 감사해야 하는지 너도 잘 알게다. 항상 직무를 성실하게 수행하며 열심히 천자를 보위하도록 하여라."

황후의 말에 왕망은 눈물을 흘리며 충성을 다짐했다. 그 모습에 완전히 의심을 거둔 왕정군은 조카의 출세를 위해 더욱 힘을 쏟았다.

왕정군이라는 든든한 버팀목과 어린 황제 덕분에 왕망은 점차 자신의 세력을 넓힐 수 있었다. 결국 안한공의 자리에까지 오른 그는 조정의 권력을 한손에 쥐게 되었다. 그러나 그는 그 자리에 만족하지 않고 황제의 자리까지 넘보았다. 왕정군은 한 왕실이 없어지면 자신이 설 자리가 사라지므로 온 힘을 다해 그를 막으려 했다.

왕정군은 또다시 왕망을 불러들였다. 하지만 황후가 말을 꺼내기도 전에 왕망은 예전과 달리 거만한 얼굴로 입을 열었다.

"저는 이미 결심을 굳혔습니다. 고모께서는 더 이상 말씀하실 것도 없습니다. 한실의 운명은 이미 다했고, 천명이 저를 원하지 않습니까? 그러니 괜한 헛수고 마시고 옥새나 넘겨주시지요."

왕망을 막을 수 없음을 깨달은 왕정군은 그제야 자신의 어리석음을 후회했다. 분노를 이기지 못한 그녀가 할 수 있는 일이라곤 고작 옥새를 집어던지는 것뿐이었다. 그리고 그동안의 가면을 벗은 왕망은 황제의 자리에 올랐다.

논어의 지혜

사람은 모두 내면에 각기 다른 특성이 혼합되어 있다. 그리고 그 여러 가지 특성이 충돌해 다른 사람을 혼란스럽게 한다. 따라서 사람을 정확하게 이해하고 판단하는 것은 쉽지 않다. 그러나 공자가 말한 것처럼 한 사람을 끊임없이 관찰하면 그의 참모습을 정확히 알 수 있다. 물론 여기서 안다는 것은 그의 결점을 발견하는 것만 뜻하는 게 아니라 장점을 찾아내는 것도 포함된다. 그렇지 않고서는 그 사람을 정말로 안다고 할 수 없으니 말이다.

06

신중하게 친구를
사귀어라

공자가 말했다. "득이 되는 벗에는 세 종류가 있으며, 해가 되는 벗역시 세 종류이다. 정직한 사람, 어진 사람, 견문이 넓은 사람은 득이 되는 벗이요, 간사한 사람, 겉치레만 신경 쓰는 사람, 아첨하는 사람은 해가 되는 벗이다."

子曰"益者三友, 損者三友. 友直, 友諒, 友多聞, 益矣.
자 왈　익 자 삼 우　손 자 삼 우　우 직　우 량　우 다 문　익 의

友便辟, 友善柔, 友便佞, 損矣."
우 편 벽　우 선 유　우 편 녕　손 의　　　　　　　(제16편 계씨季氏)

진정으로 의지할 수 있는 친구

'우직友直, 우량友諒, 우다문友多聞'은 좋은 친구의 기준이 된다. 우직은 나의 잘못을 솔직하게 충고하는 친구를 뜻한다. 우량은 어질고 마음이 넓은 친구를 가리키며, 우다문은 견문이 넓은 친구를 의미한다. 공자는 이 세 종류의 친구를 득이 되는 벗이라고 말했다.

한편 해가 되므로 경계해야 할 친구에도 세 종류가 있다. 우선, 우편벽友便辟은 간사한 친구를 가리킨다. 둘째, 우선유友善柔는 줏대 없이 나약하고 겉치레만 신경 쓰는 친구를 말한다. 이런 친구는 언제나 내 기분에 맞추려고 행동한다. 내가 카드놀이를 하자면 두말없이 따르고, 장기를 두자고 해도 상관없다고 말한다. 이런 사람은 내가 범죄를 저질러도 이를 막기보다는 동참한다. 마지막으로

아첨의 말이나 거짓말만 일삼는 친구인 우편녕友便佞은 그 중에서
도 가장 해가 되는 사람이다. 온갖 부당한 방법을 동원해 나쁜 일을
저지를 수 있으니 항상 경계해야 한다.

　동진의 대장군 왕돈이 반란을 일으키려다 죽임을 당하자 그의 조
카 왕응은 강주자사 왕빈에게로 몸을 피하려 했다. 하지만 그의 아
버지 왕함은 형주자사 왕서에게 갈 것을 권하며 아들에게 물었다.

　"대장군은 이전에 왕빈과 그리 돈독한 관계가 아니었는데 왜 그
에게 의탁하려 하느냐?"

　이에 왕응이 답했다.

　"바로 그 때문에 그에게로 가려는 것입니다. 왕빈은 우리가 세력
을 떨치고 있을 때도 쓴소리를 한 인물입니다. 그것은 보통 사람으
로는 할 수 없는 일이지요. 그는 분명 위험에 빠진 우리를 도와줄
것입니다."

　왕응은 잠시 뜸을 들인 후 말을 이었다.

　"하지만 형주자사 왕서는 자신을 지키려는 마음이 강한 자입니
다. 절대 법을 어기면서까지 우리를 도와주려 하지 않을 것입니다."

　이렇게 말했는데도 아버지가 고집을 꺾지 않자 왕응은 어쩔 수
없이 아버지와 함께 왕서에게로 갔다. 그러나 결국 왕응의 말대로
왕서는 두 부자를 강물에 빠뜨려 죽였다.

　한편 왕응이 올 것이라며 배를 준비하고 그를 기다리던 왕빈은
부자가 죽었다는 소리를 듣고 더없이 애석해했다.

임상여는 조나라의 대신 무현의 식객이었다. 어느 날, 법을 어기고 죄를 지은 무현이 연나라로 도망가려 했다. 그러자 임상여가 물었다.

"왜 하필 연나라를 택하셨습니까?"

"오래전 대왕과 함께 변경에서 연나라 왕을 만난 적이 있지. 그때 그는 내 손을 잡고 나와 벗이 되고 싶다고 했었소. 그는 분명 나를 받아줄 것이오."

무현의 대답에 임상여가 다급히 말렸다.

"그러시면 절대 안 됩니다. 조나라는 연나라보다 더 크지요. 그리고 당시 대인께서는 조나라 왕의 총애를 한몸에 받고 계셨습니다. 그렇기 때문에 연나라 왕이 대인과 친구가 되려 했던 것입니다. 허나 이제 대인께서 죄를 짓고 연나라로 가신다면 조나라를 두려워하는 그는 분명 대인을 잡아 조나라에 바치려 할 것입니다. 차라리 왕에게 가서 죄를 시인하고 잘못을 비시지요. 그러면 화는 면할 수 있을 겁니다."

그의 말이 일리 있다고 생각한 무현은 곧장 왕에게 달려가 죄를 빌었다. 과연 왕은 그의 죄를 사면해주었다.

진晉나라의 대부 중행 문자가 정처 없이 떠돌다 한 마을을 지나게 되었다. 그때 그를 따르던 시종 하나가 물었다.

"이 마을에는 공의 친구가 계시지 않습니까? 이곳에서 잠시 쉬며 뒤따라오는 마차를 기다리시지요."

그러자 문자가 말했다.

"아니다. 그는 내가 음악을 좋아한다고 하면 거문고를 갖다 주고 패옥이 좋다고 하면 옥팔찌를 구해오는 친구였다. 언제나 내 호감을 사기 위해 안달이었지. 그런 그가 나를 팔아 다른 이의 호감을 사려 할까 두렵구나!"

말을 마친 문자는 서둘러 그 마을을 떠났다. 과연 문자의 친구는 뒤따라오던 마차를 붙잡아 왕에게 바쳐버렸다.

07

다투지 마라

공자가 말했다. "군자는 다투는 일이 없다. 만약 다투는 일이 있다면 그것은 분명 활쏘기 시합일 것이다. 군자는 서로 머리를 조아리고 한 번 양보한 후 시합에 임하고 끝난 후에는 서로 술을 권한다. 이것이 바로 군자의 다툼이니라."

子曰 "君子無所爭. 必也射乎! 揖讓而升, 下而飮. 其爭也君子."
자 왈   군 자 무 소 쟁   필 야 사 호   읍 양 이 승   하 이 음   기 쟁 야 군 자

(제3편 팔일八佾)

조나라의 두 호랑이 인상여와 염파

흔히들 삶을 전쟁이라고 하지만 그것은 매우 단편적인 견해일 뿐이다. 진정한 안목을 가진 사람이라면 자신의 에너지를 대수롭지 않은 싸움에 쏟지 않기 때문이다. 그런 사람은 행동 하나만으로도 상대방을 굴복시킬 수 있다. 단, 상대방 역시 식견이 좁은 소인배가 아니라면 말이다.

기원전 283년, 인상여는 면지綿地에서 진秦나라 왕과 담판을 벌여 위험에 빠진 조나라를 구해냈다. 그러자 조나라 혜왕은 그를 노장군 염파보다 훨씬 높은 상경의 자리에 앉혔다. 이에 불만을 품은 염파는 볼멘소리를 했다.

"나는 오랫동안 조나라의 대장 자리를 지키며 수많은 공을 세웠다. 하지만 인상여라는 자는 겨우 몇 마디 말로 공을 세워 내 윗자

리를 꿰찼다. 이 얼마나 부끄러운 일인가? 내 그자와 마주치면 반드시 이 치욕을 갚아주리라."

이 소리를 전해들은 인상여는 화를 내기는커녕 될 수 있는 한 염파 장군을 피하기 위해 애썼다. 병을 핑계로 매일 아침 열리는 대신 회의에조차 참석하지 않았다.

한번은 가마를 타고 길을 가던 인상여는 염파 장군의 일행과 마주치자 황급히 자리를 비켜주었다. 그러자 주위 사람들은 인상여의 나약함을 비웃으며 그를 떠나려 했다. 인상여는 그들을 붙잡으며 말했다.

"한번 생각을 해보시게나. 진나라 왕 앞에서도 주눅 들지 않고 당당하게 그를 꾸짖었던 내가 염파 장군을 무서워할 리 있겠나? 하지만 제멋대로인 진나라가 감히 조나라를 침범하지 못하는 것은 바로 나와 염파 장군 때문이네. 나와 그는 두 마리의 호랑이라고 할 수 있지. 그런데 이 두 호랑이가 서로 싸운다면 그 결과는 불을 보듯 뻔하지 않겠나? 내가 참고 양보하는 이유는 나라의 안위를 생각하기 때문일세. 개인적인 감정은 그 후에 얘기해도 늦지 않아!"

그의 말은 곧 염파 장군의 귀에도 들어갔다. 자신의 행동에 부끄러움을 느낀 그는 웃옷을 벗고 회초리를 등에 진 채 인상여를 찾아가 그동안의 잘못을 빌었다.

"어리석은 내가 장군의 넓은 마음을 미처 보지 못했구려!"

이때부터 인상여와 염파는 깊은 우정을 나누는 친구가 되어 나라를 위해 열심히 일했다.

논어의 지혜

명예를 위한 학자들의 경쟁, 이익을 위한 상인들의 경쟁, 공로를 위한 용사들의 경쟁, 재능을 위한 예술가들의 경쟁, 승리를 위한 강자들의 경쟁 등 세상에는 수많은 다툼들이 있다. 그러나 이러한 다툼은 사람을 성장시키고 사업을 발전시키는 원동력이 되기도 하므로 나쁘다고만 할 수 없다. 다만, 규칙에 맞게 경쟁하는 것이 중요할 뿐이다. 부당한 수단을 이용하거나 다른 사람에게 해를 입혀서는 안 된다는 뜻이다.

덕과 수양을 중시하는 군자는 다른 사람과는 물론 세상과도 다툼을 벌이지 않는다. 공자가 설명한 활쏘기 시합의 모습이 바로 진정한 군자의 자세이다. 현대사회를 살아가는 사람에게 매사에 '군자의 모습'을 강요할 수는 없다. 하지만 적어도 '게임 규칙'에 따라 선의의 경쟁을 펼쳐야 하지 않겠는가?

08

충과 선으로 벗을 대하되
통하지 않으면 그만둬라

자공이 벗을 대하는 방법을 묻자 공자가 답했다. "벗에게 진실한
마음으로 충고하여 좋은 길로 이끌라. 허나 벗이 듣지 않으려 한다
면 당장 충고를 그만두어 스스로 욕되지 않게 하라."

子貢問友. 子曰 "忠告而善道之, 不可則止, 毋自辱焉."
자공문우   자왈   충고이선도지   불가즉지   무자욕언

(제12편 안연顏淵)

먼저 친구를 보내준 증국번

사람은 누구나 저마다의 '뜻'이 있게 마련이다. 따라서 친구를 위
해 충고할 수는 있지만 그를 대신해 생각하거나 행동할 수는 없다.
공자는 바로 이 점을 기본으로 하여 '충고선도忠告善道, 불가즉지不
可則止(충고하되 이를 듣지 않으면 즉시 멈추어라)의 방법을 가르쳤다. 이
는 친구를 사귈 때의 덕목이자 전략이기도 하다. 진정한 우정은 벗
이 잘못했을 때 수수방관하기보다는 진심 어린 충고를 해준다. 하
지만 절대 강압적이거나 주제넘어서는 안 되며 상대방이 거부하면
곧 멈추어야 한다.

청나라 말기, 증국번이 반혁명 의용군인 상군의 우두머리로 있을
때였다. 그의 수하에는 막역한 벗이자 호남의 인재이며 유학의 대
가였던 왕상기라는 사람이 있었다. 증국번은 자신의 공을 내세우기

위해 왕상기에게 〈상군지〉를 쓰게 했지만 왕상기는 거기에 증국번의 잘잘못을 거리낌 없이 지적하였다.

어느 해, 상군을 이끌고 무창을 점령한 증국번은 곧 구강을 칠 준비에 들어갔다. 그러자 이미 서정에 실패한 태평천국군의 수뇌들은 즉시 석달개, 나대강과 같은 우수한 장령들에게 군을 지휘하도록 했다.

석달개는 임계용에게 구강을, 나대강에게 호구의 양쪽 기슭을 지키도록 한 다음 자신은 동쪽의 현성을 방어했다. 상군의 승리는 모두 수군의 힘이라고 생각했던 그는 작은 배에 불을 놓거나 불화살을 쏘는 방법으로 적을 교란하는 작전을 썼다. 계속되는 공격에 힘이 빠진 상군의 수군들은 조바심이 날 수밖에 없었다.

석달개는 그 기회를 놓치지 않고 정면 승부를 피해 호구에서 거짓으로 후퇴하는 척하며 상군을 자기 진영 깊숙이 끌어들였다. 예상한 대로 상군은 아무런 의심 없이 파양호 안쪽으로 함대를 몰고 들어왔다. 그러자 석달개와 나대강은 즉시 호수의 입구를 막아 상군 수군의 허리를 끊어버렸다.

그날 밤 삼경 무렵, 태평천국군은 작은 배로 장강 어귀에 남은 상군의 함대를 습격했다. 양쪽 기슭에서는 동시에 불화살과 대포가 비오듯 쏟아졌고 장강은 이내 붉은빛으로 물들었다. 결국 40여 척의 배를 잃은 상군은 전투에서 대패하고 말았다.

그로부터 열흘 후, 다시 한 번 어둠을 틈타 대규모 습격을 감행하기로 한 태평군은 작은 배 30여 척에 화기火器를 가득 실어 상군의 진영으로 보냈다. 이내 큰 혼란에 빠진 상군의 수군들은 앞다투어

돛을 올리고 도망치기에 바빴다.

이 전투에서 손실을 입은 상군의 배는 그 수를 헤아릴 수 없을 정도였고 심지어 증국번이 탄 배까지 포위되어버렸다. 하지만 강물로 뛰어들어 자살하려던 증국번은 부하들의 만류로 겨우 목숨만은 건질 수 있었다.

호구전투 이후 태평천국군의 사기가 더없이 높아지고 있을 때, 왕상기는 돌연히 고향으로 돌아가겠다는 뜻을 밝혔다. 증국번은 책만 읽어 담이 작은 왕상기가 전투에서 패하자 자신에게 돌아올 책임을 회피하기 위해 낙향하려 한다는 사실을 잘 알고 있었다. 하지만 왕상기의 뛰어난 문장력이 못내 아쉬웠던 그는 벗의 마음을 돌리고자 잠시 청을 못 들은 척했다.

그러던 어느 날, 증국번이 급한 일로 왕상기의 집을 찾아갔다. 마침 책을 읽고 있던 왕상기를 방해하고 싶지 않았던 그는 조용히 뒤에 서서 독서가 끝나기를 기다렸다. 그러기를 한 시간쯤 지났을까, 왕상기가 여전히 자신이 온 것을 알아채지 못하자 증국번은 아무 말 없이 집으로 돌아갔다.

다음날 아침, 증국번은 왕상기에게 적지 않은 돈을 보내며 낙향을 허락했다. 그러자 옆에 있던 이가 물었다.

"왜 갑자기 마음을 바꾸신 것입니까?"

증국번이 차분하게 대답했다.

"그의 뜻이 이미 확고한 듯해 더는 잡아둘 수가 없었소. 붕우의 도는 강요할 수 없는 것이오. 특히 전투에서는 더욱 그런 법이지. 내 자신의 승패도 알 수 없는데 하물며 다른 사람을 어떻게 잡아둘 수 있겠소?"

그러자 그가 의아하다는 듯 되물었다.

"그 뜻이 확고하다는 것을 어떻게 아셨습니까?"

증국번은 잠시 생각에 잠긴 후 입을 열었다.

"지난밤 내가 찾아갔을 때, 그 친구는 내가 왔다는 사실도 모른 채 책읽기에 열중하고 있었지. 하지만 한 시간이 넘도록 책장은 넘어가지 않았소. 깊은 생각에 잠겨 있었던 게지. 고향으로 돌아갈 생각 말이오. 그래서 그를 보내기로 한 것이오."

논어의 지혜

친구의 잘못을 보고도 충고해주지 않는 사람은 진정한 벗이라 할 수 없다. 예부터 '벗의 잘못을 꾸짖고 선善을 권하는 것'을 친구 사귐의 '도'로 삼았다. 진정한 친구란 이처럼 서로의 잘못을 바로잡아주며 좋은 방향으로 나아갈 수 있도록 충고하는 사이다. 그러나 충고도 정도를 벗어나서는 안 된다. 특히 무언가를 새로 시작하려는 친구에게는 더더욱 조심해야 한다. 지나친 충고로 벗의 마음을 상하게 할 수 있기 때문이다.

09

상대를
정확히 판단하라

자공이 "마을 사람들이 모두 그를 좋아한다면 어떻습니까?"라고
묻자 공자가 말했다. "그것으로는 부족하다."

그러자 자공이 또다시 물었다. "마을 사람이 모두 그를 싫어한다면
어떻습니까?" 공자가 대답했다. "그것으로는 부족하다. 마을의 모
든 어진 사람들이 그를 좋아하고 모든 악한 사람들이 그를 싫어하
는 것만 못하다."

子貢問曰 "鄕人皆好之, 何如?" 子曰 "未可也."
자 공 문 왈   향 인 개 호 지   하 여   자 왈   미 가 야

"鄕人皆惡之, 何如?" 子曰 "未可也.
향 인 개 악 지   하 여   자 왈   미 가 야

不如鄕人之善者好之, 其不善者惡之."
불 여 향 인 지 선 자 호 지,   기 불 선 자 악 지   (제13편 자로子路)

사람을 잘못 본 부견

역사를 살펴보면 사람을 잘못 판단해 큰일을 그르쳤던 예가 적지
않다. 그 원인이 무엇이든 선인들의 실패를 교훈으로 삼는 것은 무
척 가치 있는 일이다.

전진의 황제 부견은 평민 출신의 왕맹을 재상으로 삼고 중국의
북방을 통일했다. 하지만 전진은 비수전쟁에서 패한 뒤 빠르게 무
너졌고 부견 역시 후진의 요장에게 죽임을 당하며 비참한 최후를

맞았다.

부견은 선량하고 도량이 넓은 사람이었다. 그는 투항해 포로가 된 적이라 할지라도 의심하거나 시기하지 않았다. 또한 선비족 모용수와 강족의 수장 요장에게 높은 관직과 권력을 주기도 했다.

이런 부견을 보고 왕맹은 걱정스러운 듯 말했다.

"황상은 항상 어짊으로 사람을 대하십니다. 하지만 적과 나는 반드시 구분하셔야 됩니다. 지금 나라의 적은 진秦나라가 아니라 나라 안으로 들어온 선비족과 강족입니다. 더욱 걱정되는 것은 그들의 수장이 조정의 요직에 앉아 권력을 쥐고 있다는 사실입니다. 그들이 변심하면 나라는 곧 위기에 빠지고 맙니다."

그러나 부견은 '진심은 통하는 법'이라며 왕맹의 간언을 심각하게 받아들이지 않았다. 오히려 왕맹이 죽은 후에는 모용수와 요장을 더욱 신임했다.

비수전쟁이 끝나고 부견이 낙양으로 피신하자 아직 비수에 도착하지 않은 대군은 뿔뿔이 흩어지고 말았다. 그러자 이때가 기회라고 생각한 모용수는 본격적으로 야심을 드러내기 시작했다. 황하 이북에서 반란이 일어났다는 것을 이유로 자신을 그곳으로 보내달라고 청했던 것이다. 그를 전혀 의심하지 않았던 부견은 흔쾌히 출병을 허락하는 것은 물론 진심으로 그에게 감사를 표했다. 손쉽게 황하에 도착한 모용수는 즉시 연나라에 살고 있던 선비족 유민들을 불러 모아 후연을 창건했다. 그 후 관중으로 옮겨온 선비족은 모용수를 옹립하여 서연제국을 건립했다.

부견은 뒤늦게서야 아들과 강족의 대장 요장으로 하여금 서연을 정벌하도록 했지만 비참하게 패하고 말았다. 게다가 얼마 후 요장 역시 반란을 일으켜 후진을 일으켰다. 선비족과 강족의 반란으로 전진은 커다란 타격을 입었다. 얼마 후 수도 장안이 포위되고 서쪽으로 피신한 부견은 오장산에서 사로잡혀 후진의 황제 요장에게로 끌려갔다.

요장을 만난 부견은 한가닥 희망을 품고 있었다. 20년 전 큰죄를 짓고 사형장으로 끌려가던 그를 살려준 것이 바로 자신이었기 때문이다. 부견은 요장이 은혜를 갚기 위해서라도 자신을 살려줄 것이라 믿었다. 하지만 부견의 기대와는 달리 요장은 옥새를 요구하며 계속해서 그를 모욕했다. 분노로 가득 찬 부견은 요장에게 배은망덕한 놈이라며 호되게 꾸짖었다. 그에 요장은 즉시 부견의 목을 매달아버렸다.

❝ 논어의 지혜

겉모습만으로는 절대 사람을 판단할 수 없다. 사람의 외면에 나타나는 감정은 대부분 꾸민 것이기 때문이다. 특히 복잡한 환경에 처한 사람의 마음은 더더욱 판단하기 힘들다. 따라서 평범한 사람이든 특별한 사람이든 주변 사람을 자세하고 정확하게 관찰해야 한다. 사람의 내면을 꿰뚫어보면 잘못 판단하거나 친구를 잘못 사귀거나 인재를 잘못 등용하는 등의 실수는 범하지 않는다. 상대를 정확하게 판단할 수 없다면 얼마간은 거리를 유지하는 것이 좋다. 사람을 잘못 판단해 손실을 입는 것보다는 그편이 훨씬 현명한 처세이다.

❞

10

소인배의 꼬임에
빠지지 마라

공자가 말했다. "방자하고 정직하지 않으며, 미련하면서 부지런하지 않고, 거짓으로 성실한 척하며 신의를 지키지 않는 자, 나는 이들을 이해할 수 없다."

子曰 "狂而不直, 侗而不愿, 悾悾而不信, 吾不知之矣."
자 왈   광 이 부 직   동 이 불 원   공 공 이 불 신   오 부 지 지 의

(제8편 태백泰伯)

춘신군의 죽음

보이는 곳에서 날아오는 창은 피하기 쉽지만 몰래 쏘는 화살은 막기 어려운 법이다. 바로 이런 까닭으로 강한 적과의 대결에서는 눈부신 승리를 거두었던 사람이라도 본 모습을 감추고 있던 소인배에게 패하는 경우가 많다.

전국시대 초나라 춘신군의 이름은 황헐이었다. 4군君의 하나로 꼽히던 그의 문하에는 3,000명이 넘는 문객들이 있었다. 당시 고열왕에게는 자식이 없었는데 충직한 춘신군은 사방에 미인을 수소문해 왕의 후사를 이으려고 했다.

한편 조나라의 이원에게는 아름다운 누이가 하나 있었다. 원래 누이를 초나라 왕에게 바치려 했던 그는 초왕이 아이를 가질 수 없다는 이야기를 듣고 마음을 바꾸어 누이를 춘신군에게 시집보냈다.

춘신군은 아름다운 아내를 더없이 사랑했고, 그녀는 얼마 후 아이를 가지게 되었다.

그때, 또다시 계략을 꾸미기 시작한 이원이 누이에게 춘신군을 꼬드기도록 시켰다.

"여보, 폐하와 당신은 정말 각별한 사이인 것 같아요."

그러자 춘신군이 자랑스러운 듯 말했다.

"그렇지! 나와 폐하 사이는 형제에 비길 바가 아니지."

이때를 놓치지 않고 아내가 입을 열었다.

"하지만 폐하에게는 후사가 없지 않습니까? 만약 폐하께서 승하하시면 형제가 그 뒤를 잇겠지요. 그렇다면 새로운 주군은 분명 자신의 측근을 중용할 텐데, 당신 차례가 오기나 하겠어요? 게다가 당신은 높은 지위에 있었던 터라 당신도 모르게 그들에게 예의에 어긋나는 행동을 했을 수도 있어요. 그럼 우리는 위험해지는 게 아닌가요?"

"그럴 수도 있겠군. 그렇다고 별다른 방책이 있는 것도 아니잖소?"

기회가 왔다고 생각한 아내가 춘신군의 귓가에 대고 은밀하게 속삭였다.

"방법이 하나 있기는 합니다. 저는 이미 아이를 가졌어요. 그런데 폐하께서 저를 좋아하게 된다면 제가 낳은 아이는 분명 폐하의 자리를 이을 수 있겠지요. 그러면 앞으로 닥칠 위험은 걱정하지 않으셔도 되지 않을까요?"

아내의 말에 마음이 흔들린 춘신군은 그녀를 초 왕에게 바쳤다.

과연 왕은 누구보다도 그녀를 총애했으며 그녀는 무사히 아들을 낳았다. 그리고 곧 아이는 태자로 책봉되었고, 그녀 역시 왕후로 봉해져 덕분에 이원은 더 높은 관직에 오를 수 있었다.

그러나 대단한 야심가였던 이원은 이에 그치지 않고 춘신군의 세력을 탐냈다. 게다가 춘신군이 비밀을 폭로할까 두려웠던 그는 몰래 자객을 키우며 호시탐탐 그를 죽일 기회를 엿보았다. 이런 계략을 전혀 모른 채 태평하게 세월을 보내고 있는 춘신군에게 문객 중 하나인 주영이 말했다.

"공께서 초나라의 승상이 되신 지도 이미 20년이 지났습니다. 위로는 오로지 폐하만 계시고 아래로는 만인을 다스리고 계시지요. 공은 폐하께서 세상을 떠나시면 어린 태자가 성인이 될 때까지 그를 보위하셔야 합니다. 그것은 공의 복이지요. 하지만 거기에 바로 화禍가 있기도 합니다."

춘신군은 그의 말에 귀 기울이지 않고 되물었다.

"난 지금 너무나 잘 지내고 있소. 그런데 장래에 무슨 불행이 닥칠 수 있단 말이오?"

주영은 걱정 가득한 얼굴로 말했다.

"이원은 소인배입니다. 그는 공의 권력을 빼앗기 위해 몰래 자객들을 키우고 있다 합니다. 만약 폐하께서 붕어하시면 그는 창끝을 공께로 돌릴 게 분명합니다. 그것이 화가 아니고 무엇이겠습니까? 하지만 지금도 늦지는 않았습니다. 공께서 먼저 그를 치십시오."

그러나 춘신군은 사람 좋게 웃고 주영의 어깨를 두드리며 말했다.

"자네는 생각이 너무 많구먼. 나는 누구보다도 이원을 잘 알아.

그는 소심하긴 하지만 더없이 온화한 사람이지. 게다가 줄곧 나에게 잘해왔네. 그런 그가 나에게 해가 될 일을 할 리가 있겠는가!"

애석하게도 춘신군의 낙천적인 생각은 틀렸다. 얼마 지나지 않아 초나라 고열왕이 죽자 이원은 자객들을 궁안에 매복시켰다. 이윽고 왕의 붕어 소식을 듣고 황급히 궁으로 달려온 춘신군은 궁문에 들어서자마자 자객들에 의해 머리가 달아나고 말았다. 나아가 이원은 춘신군의 친족까지 모조리 죽여버렸다.

전국시대 4군의 하나로 존경받던 춘신군은 이처럼 허무하게 세상을 떠나고 말았다. 더욱 비극적인 사실은 죽는 순간까지 그는 누가 자신을 죽이려 하는지조차 몰랐다는 점이다.

❝ 논어의 지혜

많은 사람들이 자신의 본모습은 쉽게 드러내지 않는다. 작은 것에 구애받지 않고 대범해 보이는 사람이 실제로는 비열하기도 하고, 정직해 보이는 사람이 사실은 교활하기도 하며, 한없이 약해 보이는 사람이 뒤에서는 남에게 상처 입힐 궁리를 할 수도 있다.

이런 사람들의 본모습을 정확히 간파할 수 있다면 누구든 인생의 위험에서 벗어날 수 있을 것이다. 하지만 그것이 쉽지만은 않다. 따라서 항상 악인을 경계하고 소인배를 멀리해야 한다. 그렇지 않으면 춘신군처럼 엄청난 손해를 보고도 그 이유조차 모르는 비극을 겪을 수 있다. ❞

심신을 위한 논어의 지혜

생활 깊숙히 들어와 일반화되고 있는 에스앤에스sns는 겸손이나 어짊, 검소, 부끄러움과 같은 덕목을 거추장스럽게 만들고 있다. 좀더 크고 좀더 화려하고 좀더 아름답게 자기를 꾸미기 위해 동원할 수 있는 기술들도 점점 늘어나 더 쉽게 자신의 외면을 과장할 수 있게 되었다. 그러는 동안 우리는 내면을 돌보는 방법을 잃어가고 있다. 우리의 심신을 위해 논어가 말하는 지혜를 들어보자.

01

검소하고
또 검소하라

공자가 말했다. "사치하면 교만해지고, 검소하면 초라해진다. 교만
하기보다는 차라리 초라해지도록 하라."

子曰 "奢則不孫, 儉則固. 與其不孫也, 寧固."
자 왈 사 즉 불 손 검 즉 고 여 기 불 손 야 영 고   (제7편 술이述而)

검소함으로 뜻을 이루라

춘추시대 노나라의 대부 어손은 '검소함이 바로 덕'이라고 말했
다. 검소한 생활은 인격을 수양하는 데 큰 도움이 된다. 근검절약하
는 사람은 강한 의지를 지녀 숱한 시련 앞에서도 가슴을 크게 펼 수
있다. 또한 물질에 구애받지 않는 사람은 재물의 유혹을 받지 않아
초가집에 살아도 기쁨을 맛볼 수 있다.

안영은 춘추시대 말기, 제나라의 재상이었다. 어느 날 안영이 밥
을 먹고 있는데 경공이 보낸 대신 하나가 그의 집으로 찾아왔다. 아
직 식사 전이라는 대신의 말에 안영은 자신이 먹고 있던 음식의 반
을 나눠주다 보니, 두 사람은 모두 배를 채울 수 없었다. 대신은 이
일을 경공에게 그대로 전했다.

대신의 이야기를 들은 경공은 나지막하게 탄식을 내뱉었다.

"안영의 집이 그토록 가난한지 나는 전혀 모르고 있었구나."

경공은 사람을 시켜 안영에게 많은 돈과 토지를 하사했다. 그러나 어찌된 일인지 안영은 이를 받지 않았다. 안영이 토지도 돈도 모두 받지 않으려 하자 경공은 불쾌한 기색을 감추지 않았다. 하지만 안영의 고집 역시 만만치 않았다.

"나처럼 높은 지위에 있는 사람일수록 더욱 근검절약해야 하오. 그래야만 다른 대신들의 모범이 될 수 있고 조정 역시 더욱 청렴해지지 않겠소?"

난처해진 경공의 사자가 애원하다시피 말했다.

"왕의 명령입니다. 받지 않으시면 제가 벌을 받을 것입니다."

상황이 이렇게 되자 안영은 직접 경공을 찾아갔다.

"대왕, 저는 결코 가난하지 않습니다. 대왕의 은덕으로 제 가족과 친구들은 모두 편안한 삶을 누리고 있으므로 그저 감사한 마음뿐입니다. 그러니 제게 더 이상 재물을 주실 필요가 없사옵니다. 차라리 그 돈을 백성을 구하는 데 쓰십시오!"

북송의 재상이자 역사학자로 이름을 날렸던 사마광 역시 근검절약을 몸소 실천한 인물이다. 그는 아들 사마강에게 보내는 편지에서 당시의 사치 풍조를 비판하며 몸소 검소함을 실천한 사람들의 이야기를 해주었다.

많은 사람들이 사치와 낭비를 자랑스러워하지만 나는 근검과 절약이 아름답다고 여긴다. 사람들이 고집스럽다고 비웃어도 나는 결코 그것이 내 단점이라고 생각지 않는다.

공자도 "사치하면 교만해지고 검소하면 초라해진다. 하지만 교만하기보다는 초라해져라."고 하지 않았더냐? 또한 이렇게 말씀하셨다.

"검소한 사람이 나쁜 일을 하는 일은 거의 없다. 책을 읽는 사람은 진리만 추구할 뿐 나물밥과 물 한 그릇을 수치스럽게 생각해서는 안 된다. 나아가 그런 사람은 친구로 삼을 가치조차 없다."

이처럼 옛 선인들은 검소함을 미덕으로 생각했다. 하지만 지금 사람들은 오히려 그런 이들을 비웃고 비난하니 이 어찌 통탄하지 않을 수 있겠느냐!

송나라 인종 시절의 장지백은 재상이 된 후에도 예전과 똑같은 생활을 했다. 그러자 한 사람이 그에게 말했지.

"나라에서 적지 않은 봉록을 받으면서 이렇게 초라한 생활을 하시니, 사람들이 공에 대해 '베 이불을 덮은 공손'이라며 수군거립니다."

한 무제 때 재상 공손홍(공손)은 겉과 속이 다른 인물이었다. 늘 상대방을 위하는 척하며 뒤통수를 쳤지만 황제의 눈을 속여 총애를 한몸에 받았지. 그의 사람됨을 잘 알았던 급암이라는 자가 공손홍이 삼고이라는 높은 지위에 올랐으면서도 검소하게 베 이불을 덮고 잔다는 것은 모두 거짓이라고 황제에게 고했다. 하지만 급암의 진언을 교모하게 받아친 공손홍은 오히려 더 높은 지위에 올랐다고 하는구나.

자신을 공손에 비유하는 얘기를 들은 장지백이 담담하게 말했다.

"지금 나의 봉록이라면 내 가족들은 매일 금 이불을 덮고 산해진미를 먹을 수 있다. 하지만 검소하다가 사치하기는 쉬우나 사치하다가 다시 검소해지기는 어렵지 않은가? 아무도 내 봉록이 영원히 유지될 것이라 장담하지 못한다. 나라에서 받는 돈이 지금만 못하다면 이미 사치에 익숙해진 내 가족들은 어떻게 생활하겠는가? 그러니 내가 관직에 있든 없든, 죽든 살든 간에 그 기준을 지키고 사는 것이 좋지 아니한가!"

이로 보건대 장지백이 얼마나 생각이 깊은 사람인지 짐작이 가는구나. 그는 보통 사람이 생각하지 못하는 것을 깨우치고, 보지 못한 것을 보았던 것이다.

노나라의 대부 계손행부는 노 선공, 노 성공, 노 양공 재위 시절에 연속해서 집정을 맡았던 인물이다. 그런데도 그의 아내는 비단 옷 한 번 입어본 적 없고, 집에서 키우던 말을 먹일 식량조차 없었다고 한다. 이 사실을 안 사람들은 모두 그의 충성심과 청렴결백함을 입이 마르도록 칭찬했지.

그런데 진晉나라 무제 시절의 태위 하증은 호화롭게 생활하는데 아낌없이 돈을 썼다. 매일 밥을 먹는 데만 1만 전을 썼지만 젓가락도 대지 않은 음식이 수두룩했으니 이 얼마나 한심한 일이냐! 그의 아들 역시 사치가 심해서 얼마 후 가문이 아예 망했단다.

논어의 지혜

송나라 유학자 왕신민은 "사람이 나무뿌리만 씹을 수 있어도 100가지 일을 성공시킬 수 있다."라고 말했다. 근검절약은 의지를 단련시키고 인내심을 키우는 데 큰 도움이 된다. 또한 이상을 실현시키는 에너지가 되기도 한다. 그러나 먹고 마시는 즐거움에 빠지면 포부는 사라지고 에너지는 줄어든다. 사치에 물든 사람은 큰인물은커녕 인생의 방향을 잃은 채 쉽게 낙오자의 길로 들어설 것이다.

02

병자가 없기를 바라는
약사가 되어라

공자가 말했다. "송사를 처리함에 있어 나도 남과 같으나 반드시
송사가 없게 만들고자 한다!"

子曰 "聽訟, 吾猶人也. 必也使無訟乎!"
자 왈 　청 송 　오 유 인 야 　필 야 사 무 송 호

(제12편 안연顏淵)

백성을 사랑한 정판교

　천하를 먼저 생각하고 타인을 배려하는 후덕한 군자는 언제나 자
신의 일은 뒤로 미룬다.

　'양주팔괴揚州八怪'(양주에서 활약한 8인의 화가를 말함-옮긴이) 중의 하
나인 정섭(1693~1765년)은 강소 흥화 사람으로 자는 국유이고 호는
판교이다. 성격이 남달랐던 정섭은 항상 특별한 시를 짓거나 그림
을 그렸고, 관직 생활 역시 유별났다. 사실 그의 남다름은 자신보다
는 백성의 고통을 먼저 생각하는 것에서 가장 잘 드러난다.

　세 살 때 어머니를 여읜 그는 유모의 손에서 자랐다. 책 읽는 것
을 좋아했던 그는 경서에 두루 통달했을 뿐 아니라 시, 서, 화에 모
두 재능을 보였다. 그러나 번번이 과거에서 낙방하자 생계를 위해
양주에서 시와 그림을 팔아야 했다. 어려운 생활을 하며 빈부격차
와 불평등을 목격한 그는 이에 대한 비판을 거침없이 늘어놓았다.

44세가 되던 해, 드디어 진사에 급제했지만 관운이 좋지 못했던지 48세가 되도록 7품 지마관에 머물며 동범현의 지현으로 임명되었다. 황하 강 북부에 위치한 범현은 궁핍하고 척박한 곳이었지만, 그곳에 사는 백성은 무척 순박해서 다툼이 일어나는 일이 거의 없었다. 또 농경을 통해 백성을 구휼하려 한 정섭은 항상 이렇게 말하며 백성을 아꼈다.

"나의 일은 한 사람의 일이지만 백성의 일은 천하의 일이니라."

정섭은 사건을 처리하는 방법 또한 남달랐다.

어느 날 사람들이 젊은 스님과 비구니를 붙잡아 관아로 끌고 왔다. 사람들은 두 남녀가 정을 통하여 불법佛法을 어겼으니 중죄로 다스려야 마땅하다며 소리 높였다. 관아의 관리들 역시 그들의 말에 동조하는 분위기였다. 정섭은 조사를 통해 두 사람은 어렸을 때부터 좋아한 사이였는데 성인이 된 후 집안의 강요로 출가했다는 사실을 알게 되었다. 그는 관아에 모인 사람들을 둘러보며 말했다.

"불교는 중생의 평등을 기본으로 삼고 있지요. 원나라 때는 스님과 비구니가 혼인하여 아이 낳는 것을 허락했을 뿐 아니라 장사를 하거나 관직에도 오를 수 있었소. 남녀 관계를 어지럽히는 것만 아니라면 그 둘을 이어주는 것이 도리 아니겠소?"

정섭은 사람들을 설득하고 두 사람의 혼인을 성사시켰다.

1746년 정섭은 산동 유현의 지현이 되었다. 유현은 자연 재해가 빈번하게 발생하는 지역이었다. 정섭이 부임해 오던 해, 마침 물난리가 크게 나 열에 아홉 집은 사람이 살지 않게 되었다. 먹을 것이 너무 없자 사람들이 인육까지 먹는 일이 발생했다. 끔찍한 광경을 목격한 정섭은 즉시 관아의 창고를 열어달라고 조정에 요청했지만 아무리 기다려도 허락이 떨어지지 않았다. 그러자 정섭은 결의에 찬 표정으로 창고 문을 열어 백성들에게 식량을 나눠주며 말했다.

"더는 기다릴 수 없다. 생명보다 중요한 것이 어디 있겠느냐? 조정에서 죗값을 묻는다면 나 하나만 처벌받으면 된다."

이러한 마음은 '관아에 누워 대나무 소리가 들리면 그것이 백성이 고통 받는 소리가 아닌가 하여 걱정한다.'는 그의 시에서도 잘 나타난다. 그는 언제나 '백성은 나라의 근본이며 근본이 튼튼해야 나라가 평화롭다.'라는 옛말을 가슴에 새겼다. 수해로 붕괴된 성지와 도로를 복구해 재해 지역의 장정들에게 일자리를 주었고, 부호들에게는 늙은이와 어린 아이들에게 죽을 나눠주도록 했으며, 식량을 비축하거나 높은 가격으로 파는 일을 엄격히 규제했다. 또 자신의 봉록을 백성에게 떼주기도 하고, 가을에 추수를 하면 받기로 하고 식량을 빌려주었으나 그해 가을 또 흉년이 들자 차용증을 모두 불태워 백성을 안심시켰다. 이와 같은 그의 어진 통치 덕분에 많은 이재민이 위기를 넘기곤 했다.

정섭은 가난한 백성을 위해 부호들의 미움을 사는 일도 마다하지 않았다. 그는 특히 소금을 파는 상인들이 부당한 이익을 챙기지 못하도록 했다. 내주만에 접한 유현은 소금 생산지로도 유명했다. 그런데 이곳의 소금 상인들이 관리들과 결탁해 시장을 독점하고는 터무니없이 비싼 값에 소금을 파는가 하면 양을 속이기 일쑤였다. 정섭은 이 모든 행위를 엄격히 단속했다. 그러자 상인들은 서로 결탁해 정섭을 모함하는 탄원서를 조정에 올렸다.

1752년, 유현에 또다시 재해가 발생하자 정섭은 이번에도 조정에 도움을 요청했다. 하지만 조정에서는 그가 여러 번 명령을 어기고 독단적으로 행동한 것을 빌미로 오히려 관직을 박탈해버렸다. 정섭이 유현을 떠나던 날, 길가에 죽 늘어선 백성들은 하염없이 눈물을 흘렸다. 10년 동안 관직에 머물렀던 그에게는 아무것도 없었다. 노새 세 마리를 구해 한 마리는 자신이 타고 나머지 두 마리에는 책과 옷가지를 싣고 쓸쓸히 길을 떠났다.

정섭은 유현을 떠나며 시를 지어 백성들에게 건네주었다.

烏紗擲去不爲官
사 척 거 불 위 관
오사모를 벗어 던져 벼슬자리에서 물러나

囊囊蕭蕭兩袖寒
낭 낭 소 소 양 수 한
주머니는 텅텅 비고 소매는 차가웁네

寫取一枝清瘦竹
사 취 일 지 청 수 죽
푸르고 여윈 대나무 한 폭을 멋지게 그려내어

秋風江上作漁竿
추 풍 강 상 작 어 간
바람 부는 가을 강에 낚싯대나 만들어볼까

❝ 논어의 지혜

옛날 약방에는 이런 글귀가 쓰여 있었다. "세상에 아픈 사람만 없다면 선반 위의 약이 먼지가 되어도 좋으리." 자신의 이익은 염두에 두지 않고 다른 사람을 먼저 생각하는 고귀한 정신이 감동적이다. 병이 없는 세상을 바라는 의사, 그 얼마나 아름다운 인격의 소유자인가!

공자 역시 마찬가지다. 그는 소송을 훌륭하게 처리할 수 있는 재능을 가졌지만 분쟁이 일어나지 않기를 바랐다. 그것은 나보다 남을 먼저 생각하는 숭고한 정신임에 틀림없다.

❞

03

잘못을 인정하고
고쳐라

공자가 말했다. "사람으로서 가장 중요하게 생각해야 할 것은 충의와 신용이다. 자신보다 못한 자를 친구로 삼지 말라. 잘못이 있으면 고치기를 두려워 말라."

子曰 "主忠信. 毋友不如己者. 過則勿憚改."
자 왈　주 충 신　무 우 불 여 기 자　과 즉 물 탄 개　　　　　(제9편 자한子罕)

기꺼이 잘못을 고친 당 태종

옛말에 '잘못을 고치는 것보다 좋은 것이 없다.'고 했다. 사실 흔히 말하는 '명군明君'이란 한 치의 실수도 하지 않는 성인聖人을 얘기하는 게 아니다. 오히려 잘못을 하면 그것을 기꺼이 고칠 수 있었기에 명군이 되었던 것이다.

잘못을 인정하고 곧 그것을 고치는 사람, 당 태종 이세민이 바로 그런 인물이었다.

"겸청즉명兼聽則明, 편신즉암偏信則暗."

당 태종은 '겸허하게 들으면 밝아지지만 마음을 닫으면 어두워진다.'는 뜻을 지닌 위징의 이 말을 무척 좋아했다. 그는 항상 대신들에게 이렇게 말했다.

"과거 많은 제왕들은 신하가 진언하면 노여움을 참지 못하고 마음대로 사람을 죽였소. 하나라의 관용봉이나 상나라의 비간 또한 간언을 하다가 목숨을 잃었지. 한나라의 조착 역시 마찬가지요. 하지만 나는 이 모든 것을 경계하고 있소. 국가를 위해서 그대들은 서슴지 말고 짐의 잘못을 지적해주시오. 내 반드시 받아들일 것이오. 그대들은 늘 수나라의 멸망을 잊지 말아야 하오. 나 역시도 항상 관용봉과 조착의 억울한 죽음을 잊지 않으리다."

이는 말로 끝나지 않았다. 태종은 실제로도 자신의 잘못을 고치는 것을 전혀 부끄러워하지 않았다.

어느 날, 낙양으로 출행을 나간 태종은 공물이 마음에 들지 않아 불같이 성을 냈다. 그러자 위징이 말했다.

"수나라의 양제는 쾌락을 좇아 도처를 여행하며 비싼 물건들을 강제로 바치도록 했습니다. 그렇게 민생을 돌보지 않아 수나라는 결국 망하고 말았지요. 지금 천하를 얻으신 폐하는 그것을 교훈으로 삼아야 마땅하시거늘 어찌 그 전철을 그대로 밟으려 하십니까?"

당 태종은 아무 말 없이 그의 질책을 받아들였다.

섬서, 하남 일대에 물난리가 나던 해 태종이 비룡궁을 지으려 하자 위징이 또다시 그를 말리고 나섰다.

"수 양제는 행궁을 짓기 위해 백성을 강제로 동원했기에 결국 자멸하고 말았습니다. 황제께서도 마땅히 이를 경계로 삼아야 하십니다. 수 양제가 한 일을 그대로 따라 하면 그 결과가 어찌 될 것인지는 명약관화한 일이 아니옵니까?"

위징의 말에 당 태종은 궁궐을 지으려던 계획을 포기함은 물론 준비해둔 목재를 수해 지역으로 보내 백성을 구했다.

한번은 태종이 낙양궁을 지으려 했다. 그러자 이번엔 하남 섬현의 현승 황보덕참이 상소를 올려 간언했다.

"폐하, 낙양궁을 지으려면 백성을 동원하고 세금도 더 거둬들여야 합니다. 그리하면 백성의 부담이 더 커질 것입니다. 또한 아녀자들이 머리를 높이 올리는 것은 모두 황궁에서 비롯된 것입니다."

상소를 읽은 태종은 얼굴을 찌푸리며 말했다.

"이자는 백성을 한 명도 동원하지 않고 세금으로 땡전 한 푼 거둬들이지 않으며, 궁 안의 여인들이 모두 머리를 밀어버려야 성에 찰 인물이로군!"

그러자 그 옆에 있던 위징이 침착한 목소리로 말했다.

"군주가 중시하지 않는 간언은 쓸모없는 것이 되고 맙니다. 그러니 폐하께서는 다시 한 번 그의 말을 새겨 들으셔야 합니다."

위징의 말에 화를 가라앉힌 태종은 곧 황보덕참의 말이 틀리지 않음을 깨닫고 그에게 푸짐한 상을 내렸다.

정관 2년, 태종은 수나라의 신하였던 정인의 딸이 출중한 외모에 총명하기까지 하다는 이야기를 듣게 되었다. 곧 그녀를 후궁으로 삼으리라 결심한 황제는 책봉을 위한 문서까지 준비했다. 그때 그녀가 이미 육씨 가문과 정혼했다는 소식을 접한 위징이 황제를 급히 말렸다.

"폐하는 천하 백성의 부모이시니 마땅히 그들을 아끼고 위로하셔야 합니다. 그들의 근심을 걱정하고 행복을 기뻐하는 것이 당연하지요. 자고로 덕을 행하는 군주는 언제나 백성을 먼저 생각했습니다. 궁궐 안에 살면서도 백성이 사는 곳을 걱정하고 산해진미를 먹으면서도 백성이 굶주리지 않을까 염려했지요."

위징은 쉼 없이 직언을 쏟아냈다.

"비빈을 맞아들이기 전에도 그들의 집안에 이미 경사가 있는지부터 살펴보아야 합니다. 정인의 여식은 이미 다른 집안과 정혼했습니다. 그런 여인을 후궁으로 맞아들이는 것이 어찌 백성의 부모가할 수 있는 일이란 말입니까?"

위징의 이야기를 들은 당 태종은 즉시 후궁 책봉 계획을 접고, 정인의 딸이 육씨 가문으로 시집가도록 해주었다. 그리고 자신을 자책하며 말했다.

"이미 정혼한 여인을 후궁으로 책봉하려 했다니. 사전에 알아보지 않은 내 불찰이로다!"

이처럼 신하의 간언을 겸허히 받아들이고 기꺼이 자신의 잘못을고쳤던 그였기에 당 왕조를 크게 번성시킬 수 있었던 것이다.

> **❝ 논어의 지혜**
>
> 공자는 수양하는 과정에서 자신의 잘못을 고칠 수 있는지를 아주 중요하게 생각했다. 그는 '잘못을 알고 이를 고치는 행동'은 그 자체가 성장을 향한 중요한 과정이라고 강조했다.
> 단지 잘못의 크기와 수가 다를 뿐 잘못을 하지 않는 사람은 없다. 중요한 것은 잘못을 알아차리고 고치느냐이다. 실수를 하고도 고치지 않으면 나중엔 더 큰 잘못을 범할 수 있다. 반대로 겸허하게 자신의 실수를인정하고 시정하려 노력하면 그 과정에서 더 큰 교훈을 얻을 수 있다. **❞**

04

겸손하고 어진 사람은
언젠가는 보답받는다

자금이 자공에게 물었다. "스승님께서는 매번 다른 나라에 가실 때마다 그곳의 정세를 자세하게 들으십니다. 그것은 스승님께서 직접 물으시는 겁니까, 아니면 그들이 스스로 알려주는 것입니까?"

그러자 자공이 대답했다. "그것은 스승님의 온화함과 상냥함, 공손함, 근검함, 양보심 때문이다. 그래서 각 나라의 군주들이 스스로 스승님께 가르침을 청하는 것이다. 이는 다른 사람들이 정보를 얻는 방법과 확실히 다르지 않은가?"

子禽問於子貢曰 "夫子至於是邦也, 必聞其政, 求之與, 抑與之
자 금 문 어 자 공 왈   부 자 지 어 시 방 야   필 문 기 정   구 지 여   억 여 지

與?" 子貢曰 "夫子溫, 良, 恭, 儉, 讓以得之. 夫子之求之也,
여   자 공 왈   부 자 온   량   공   검   양 이 득 지   부 자 지 구 지 야

其諸異乎人之求之與?"
기 제 이 호 인 지 구 지 여   (제1편 학이學二)

덕으로 사람의 마음을 산 유비

'덕德'이 밥 먹여주느냐고 말하는 사람들이 있다. 좀더 실질적인 것을 필요로 하는 사회에서 진부한 도덕관념만 고집하다가는 오히려 손해 볼 수 있다는 얘기다. 그러나 그것은 매우 잘못된 생각이다. 남다른 안목과 능력을 갖춘 사람은 온화함과 겸손함 등의 미덕을 처세의 도구로 삼아 자신의 결점을 메우는 데 사용한다.

108

《삼국지연의》에서 유비는 조조에 대한 평가와는 정반대로 어질고 현명한 인물로 묘사되어 있다. 그러나 개인적인 능력 면에서 보면 유비는 무능한 인물이었다. 조조의 승전율이 80퍼센트였다면 유비는 고작 20퍼센트 정도랄까? 때문에 순조롭게 자신의 세력을 넓혀 간 조조에 비해 유비는 거병을 한 지 20년 후까지 여전히 떠돌이 생활을 할 수밖에 없었다.

그런데 왜 조조는 자신에게 훨씬 못 미치는 유비를 최대의 라이벌로 꼽았을까? 그것은 바로 유비가 자신의 결점을 메울 수 있는 비밀 병기를 가지고 있었기 때문이다. 그것은 바로 '덕'이었다.

'삼고초려三顧草廬' 이야기를 모르는 사람은 없을 것이다. 제갈량을 군사軍師로 데려오기 위해 유비는 세 번이나 직접 그의 집을 찾아갔다. 당시 두 사람의 지위 차이는 상당해 비록 패업을 이루는 과정이 순조롭지는 않았지만 유비는 이미 명망을 떨치고 있었다. 게다가 쉰 가까이 되어가는 유비에 비해 제갈량은 겨우 20대 초반의 이름 없는 선비가 아니었던가? 그러나 유비는 공손한 태도로 제갈량에게 군사가 되어달라고 청했으며, 그의 승낙을 얻은 후에는 거리낌없이 모든 권한을 넘겨주었다. 그것은 겸손한 마음과 상대방에 대한 믿음이 없고서는 불가능한 일이다.

또한 유비는 제갈량뿐 아니라 모든 부하를 덕으로 대했다. 조운이 위험을 무릅쓰고 적진으로 들어가 유비의 아들 아두를 구해오자 유비는 보통 사람처럼 기뻐하기는커녕 오히려 화를 내고 아들을 바닥에 내던지며 호통을 쳤다.

"너 하나 때문에 명장 하나를 잃을 뻔했다!"

이런 그의 행동을 보며 누군들 목숨을 바쳐 충성하지 않을 수 있겠는가?

그러나 유비와는 달리 조조는 인의仁義를 모르는 사람이었다. 동탁의 추격을 피해 친구 집에 잠시 머물렀던 조조는 돼지를 잡아 대접하려는 부부의 마음을 오해한 나머지 그들을 죽여 버렸다.

조조는 덕이 없음은 물론 언제나 자신만 옳다고 생각했다.

"내가 천하를 저버릴지언정 천하가 나를 버리는 일은 없을 것이다!"

이런 그의 말만 보아도 조조가 얼마나 독단적인지 잘 알 수 있다. 이처럼 조조는 뛰어난 능력의 소유자였지만 덕행만큼은 유비를 따라갈 수 없었기에 유비를 최대의 적수로 꼽았던 것이다. 세상을 떠나기 전 유비는 아들 유선에게 이런 유언을 남겼다.

"어질고 덕 있는 자만이 사람의 마음을 살 수 있다. 네 아비는 덕과 어짊이 모자란 사람이었으니 절대 나와 같아서는 안 된다."

유비는 겸손하게 스스로를 덕이 없다고 얘기했지만 사실은 그 반대였다. 그가 말년에 자신만의 세력을 구축할 수 있었던 것은 그 자신의 능력이라기보다는 수하의 여러 인재들이 일구어낸 결과였다. 제갈량과 관우, 장비, 조운 등은 유비를 위해 불 속에라도 기꺼이 뛰어들고자 했던 것이다. 이렇듯 수많은 인재들이 유비에게 목숨까지 바치고자 했던 것은 모두 그가 가진 선량함과 겸손함 때문이었다.

선량함과 겸손함은 도덕 수양의 외적 표현이다. 그것은 사람으로서 갖추어야 할 미덕이자 처세에 꼭 필요한 무기이기도 하다. 언제나 제멋대로이고 괴팍하며 무엇이든 자기가 다 가져야 직성이 풀리는 사람들이 있다. 하지만 마지막에 그들에게 남는 것은 무엇인가? 이와 반대로 겸손하며 선량하고 근검한 사람들은 마땅히 가져야 할 것이 있으면 굳이 자신이 원하지 않아도 언제나 얻을 수 있었다.

05

늘 자신을 반성하며
한결같아라

공자가 말했다. "언제나 자신을 단속하는 자는 실수하는 경우가 드물다."

子曰 "以約失之者鮮矣."
자 왈   이 약 실 지 자 선 의   (제4편 이인里仁)

작은 일부터 조심하라

'일일삼성一日三省'(하루에 세 번 자신을 반성한다)이란 옛말이 설명하는 '자아 성찰'은 자신의 인격 뿐 아니라 성공하기 위해서도 반드시 실천해야 할 덕목이다. 자신을 반성하지 않으면 일의 시작이 좋다 할지언정 그 과정이나 결과까지 모두 좋을 수만은 없기 때문이다.

막 어사에 임명된 장한은 감찰어사 왕정상을 찾아가 가르침을 구했다. 왕정삼은 얼마 전 자신이 겪은 이야기를 들려주었다.

어느 날 왕정상이 공무 수행차 외출했을 때 갑자기 비가 쏟아졌다. 마침 그날 새 신발을 신은 가마꾼은 혹시 신발이 더러워질세라 한 발 한 발 조심스럽게 내디뎠다. 그러나 결국 흙탕물에 발이 빠져버리자 더 이상 신발에 신경쓰지 않고 마음대로 내달렸다고 한다.

이야기를 마치고 잠시 장한을 바라보던 왕정상이 당부의 말을 덧붙였다.

"입신의 도리도 이와 같네. 자칫 잘못하여 과오를 범하고 나면 그 때부터는 조심하지 않게 되지. 그렇기 때문에 항상 자신을 단속해야 하는 걸세."

장한은 왕정상의 고견에 깊이 탄복하며 그 말을 가슴속 깊이 새겼다. 한 번 진창에 빠진 사람은 자연히 경계를 풀고 느슨해지게 마련이다. '이미 더러워졌는데' 하는 마음에 두 번째 때가 묻는 것에 개의치 않게 되는 것이다.

 논어의 지혜

생활은 습관적인 행동의 연속으로서 대부분이 무의식적으로 끌려가는 경우가 많다. 올바른 행동이든 그릇된 행동이든 아무 생각 없이 행동하게 된다는 얘기다. 하지만 그 결과는 예상 외로 심각할 수 있으므로 항상 자신의 말과 행동에 대한 반성이 무엇보다 중요하다.

자아 성찰은 도덕 수양에 도움을 주는 것은 물론 나쁜 행동의 훌륭한 예방책이기도 하다. 언제나 자신을 반성하는 사람은 시작은 물론 끝맺음도 좋을 수밖에 없다.

06

언제나
어짊을 실천하라

공자가 말했다. "인과 덕을 실천하는 사람은 나쁜 짓을 하지 않는다."

子曰 "苟志於仁矣, 無惡也."
자 왈   구 지 어 인 의   무 악 야   (제4편 이인里仁)

어짊으로 악을 이긴 순

시대의 변화가 사물 고유의 본성과 법칙을 변화시킬 수는 없는 일이다. 악랄하고 비열한 수단을 이용하면 비록 작은 이익을 얻을 수는 있겠지만 언제까지 성공하리라는 보장은 없다. 이와는 달리 덕과 인을 행하고 바르게 행동하면 큰일을 이룰 수 있다. 《사기》의 〈오제본기〉에는 전설적인 성현이었던 순에 관한 이야기가 기록되어 있다.

이름이 중화였던 순은 다른 사람과 달리 하나의 눈에 두 개의 눈동자가 있었다. 소경이었던 그의 아버지는 우둔한 사람이었고, 새어머니와 배다른 동생 상은 언제나 순을 못마땅해 했다. 그런 순이 어떻게 생활했을지는 짐작하고도 남음이 있다.

하지만 순은 부모에게 더없이 공손했고 아우를 아끼는 마음 또한 남달랐다. 그는 아무리 고된 일을 하고 입을 것과 먹을 것이 부족해도 불평 한마디 하지 않았다. 마을 사람들은 그런 순에 대해 입이 마르도록 칭찬했다.

"순은 부모에게 효도하고 아우를 아끼니 분명 큰일을 할 거야!"

그러나 계모와 동생은 번번이 그를 죽이려 했다. 결국 이를 참지 못한 순은 집을 나와 역산 아래의 황무지에 자리를 잡았다. 역산의 사람들은 앞 다투어 순에게 농사지을 땅과 양어장을 빌려주었다. 순은 물과 진흙으로 그릇을 빚어 마을 사람들에게 나누어주었다. 순이 머무르는 곳에는 언제나 그를 따르는 사람이 넘쳐났다. 얼마 후 생활이 안정되자 순은 부모와 형제를 역산으로 데려와 보살폈다.

순의 행실은 사람들의 입을 타고 전해져 천하를 통치하던 요임금의 귀에까지 들어갔다. 당시 연로한 요임금은 자신의 아들 단주가 왕위를 이을 그릇이 못 된다는 것을 잘 알고 있었다. 그 때문에 그는 다른 후계자를 물색하는 중이었다. 요 임금은 모든 사람이 이구동성으로 칭찬하는 순에게 귀한 거문고와 두 딸, 아황과 여영을 주고 9명의 아들에게 그를 돕도록 해 그의 인격과 재능을 시험하고자 했다.

이 소식을 들은 마을 사람들은 그것이 자기 일인 양 모두들 기뻐했다. 하지만 질투에 눈이 먼 동생 상은 형을 죽이고 두 형수를 빼앗을 궁리를 했다.

어느 날 어머니와 짠 상은 아버지를 시켜 순에게 물이 새는 지붕을 고치도록 했다. 아무것도 모르는 순은 사다리와 삿갓 두 개를 가져와 지붕 위로 올라갔다. 그 모습을 지켜보던 상은 주위에 아무도 없는 것을 확인한 후 몰래 사다리를 치우고 집에 불을 놓았다. 불은

삽시간에 사방으로 번졌다. 그러나 순은 당황하지 않고 재빨리 삿갓 두 개를 어깨에 메고 지붕에서 뛰어내려 마치 한 마리 새처럼 안전하게 땅으로 내려왔다.

계획에 실패한 상은 곧 다른 계략을 꾸몄다. 또다시 아버지를 시켜 형을 부른 그는 이번에는 우물을 파도록 했다. 순은 이 모든 것이 동생이 꾸민 일임을 알고 있었지만 묵묵히 도끼와 삽, 밧줄을 가져와 땅을 파기 시작했다. 먼저 작은 구멍을 만든 다음 점점 깊게 땅을 파내려갔다. 그리고 어느 정도 깊이가 되자 사람 하나가 들어갈 만한 크기의 구멍을 우물 바닥 옆으로 내었다. 그때 갑자기 위에서 커다란 돌덩이들이 쉴 새 없이 떨어지는 것이 아닌가? 순은 미리 파놓은 구멍으로 재빨리 몸을 피해 목숨을 구할 수 있었다.

시간이 한참 흐른 뒤 아무런 기척이 없자 순은 그제야 밧줄을 타고 땅 위로 올라왔다. 상의 음모는 또다시 실패한 것이다. 달빛을 맞으며 집으로 돌아온 순은 문 앞에서 부모님과 상이 나누는 이야기를 들었다.

"형님은 이미 제가 던진 돌덩이에 깔려 죽었습니다. 이제 거문고와 두 형수는 제 차지가 되는 거지요. 양과 소, 양식 또한 모두 제 몫입니다."

그들의 말이 채 끝나기도 전에 끼익 하고 문이 열리며 순이 모습을 드러냈다. 그는 마치 아무 일도 없었던 것처럼 부모님께 먼저 인사하고 고개를 돌려 아우에게 말했다.

"상아, 나는 해야 할 일이 많단다. 그러니 이제부터 집안일은 네가 더 많이 해야 할 것 같구나!"

상은 형의 말에 눈물을 흘리며 무릎을 꿇었다. 그리고 새어머니와 아버지도 지난날의 과오를 뉘우치며 그에게 잘못을 빌었다.

이 모든 것을 지켜본 요임금은 순이 정말로 믿을 수 있는 인물이라는 사실을 알게 되었고, 마침내 순에게 왕위를 물려주기로 결정했다. 50세가 된 순은 요임금을 대신해 천하를 돌보다가 61세 때 요임금이 죽자 정식으로 왕의 자리에 올랐다.

논어의 지혜

'어진 사람은 적이 없다.'는 말은 결코 과장이 아니다. 사람들은 점차 '인애仁愛'와 '양심'을 쓸모없는 것으로 생각하는 경향이 많아졌다. 하지만 그것은 한참 잘못된 생각이다.

사람이 뜻을 세우고 인을 행하면 마음은 저절로 '선善'을 향하게 된다. 이로써 사명감과 책임감 있는 사람이 될 뿐 아니라 삶과 일에 대한 에너지도 얻을 수 있다. 따라서 어려운 일이 닥쳐도 초초해하거나 방황하는 일이 없으며 어떤 위협이나 공격에도 자신을 지킬 수 있다.

07

부유하거나 가난하다고
뜻을 저버리지 마라

공자가 말했다. "부귀는 모든 사람이 원하는 것이지만 정당하지 않은 방법으로 얻은 것이면 누리지 말며, 가난과 비천함은 모든 사람이 싫어하는 것이지만 정당한 방법으로 얻은 것이 아니라 하더라도 버리지 말아야 한다. 인에서 멀어지면 어떻게 군자라고 할 수 있겠는가? 군자는 밥 한 끼 먹을 때에도 인을 잊어서는 안 된다. 긴박한 상황 속에서도 여기에 힘써야 하고 곤궁에 빠져서도 여기에 힘써야 한다."

子曰 "富與貴, 是人之所欲也, 不以其道得之, 不處也. 貧與賤,
자왈 귀여부 시인지소욕야 불이기도득지 불처야 빈여천

是人之所惡也, 不以其道得之, 不去也. 君子去仁, 惡乎成名?
시인지소오야 불이기도득지 불거야 군자거인 오호성명

君子無終食之間違仁, 造次必於是, 顚沛必於是."
군자무종식지간위인 조차필어시 전패필어시   (제4편 이인里仁)

재물을 거절한 양진

사람들은 자신을 절제하고 빈부와 귀천에 구애받지 않는 공자의 정신을 고귀하게 여긴다. 그렇다고 부와 지위를 얻을 능력이 없어 어쩔 수 없이 현실에 만족하는 사람 역시 위대하다고 할 수 있을까? 중요한 점은 부귀가 내 앞에 있을 때 그것을 가질 것인지 아닌지, 무슨 방법으로 그것을 얻을지 선택하는 것이다.

동한의 명신이자 '관서의 공자'라고 불리던 양진의 자는 백기로, 동한 홍농군 화음현의 명문가 출신이었다. 어린 시절부터 열심히 학문을 닦아 경서를 두루 섭렵했던 그는 훗날 대학자가 되었다.

20년 동안이나 객지 생활을 했던 양진은 제자들을 가르쳐 번 돈으로 힘들게 노모를 봉양했다. 그의 재주를 높이 산 주군들이 몇 번이나 관직을 내리려 했지만 양진은 늘 이를 고사했다. 50세가 되던 해 그는 친구들의 간곡한 권유로 마침내 관직에 올랐다. 그리고 대장군 등즐에게 무재로 천거된 후 형주자사와 동래태수, 탁군태수 등의 관직을 맡으면서 청렴함으로 이름을 날렸다.

안제 원초 4년(117년) 양진은 드디어 조정으로 들어가 태복(9경 중 하나)의 자리에 올랐다. 그는 양륜과 같은 어질고 지혜로운 선비들을 천거해 조정과 백성의 신임을 듬뿍 받았다. 이후 영녕 원년(120년)에는 삼공 중 하나인 사도로 임명되었다.

관직에 오르기 전 형편이 매우 어려웠던 양진은 오랫동안 가난하게 생활했다. 그는 학생을 가르치면서 빌린 땅에 직접 농사를 지어 생계를 유지해 나갔다. 그에 대한 신망이 두터웠던 주변 사람들이 도와주려 했지만 양진은 항상 그들의 도움을 거절했다.

양진이 형주에서 산동의 동래로 부임하기 위해 창읍현을 지날 때였다. 양진에 의해 무재로 천거되었던 창읍 현령 왕밀이 고맙다며 어둠을 틈타 열 근이 넘는 황금을 가져왔다.

그러나 양진은 그를 크게 나무랐다.

"우리는 오랫동안 알고 지냈소. 나는 그대를 잘 아는데 어찌 그대는 아직도 나를 모른단 말이오?"

양진이 일부러 사양하는 척하는 거라고 생각한 왕밀이 말했다.

"지금은 한밤중이라 보는 자가 아무도 없습니다. 그러니 어서 제 성의를 받으시지요."

"하늘이 알고, 신이 알고, 내가 알며 그대가 아는데, 어찌 아무도 모른단 말이오? 어서 빨리 그것을 거두시오!"

양진의 서릿발 같은 호통에 왕밀은 금덩어리를 가지고 돌아갈 수밖에 없었다.

> ❝ 논어의 지혜
>
> 사람이라면 누구나 재물을 좋아하고 가난은 싫어하게 마련이다. 하지만 재물을 추구하든 가난에서 벗어나려 하든 반드시 정도를 지켜야 한다. 군자들이 말하는 정도, 즉 바른 길이란 바로 인仁이다.
> 공자가 여기에서 말하는 바는 금전관이나 인생관에만 적용되는 것이 아니라 눈앞의 유혹에 어떻게 맞서야 하는지에 대한 현실적인 문제도 포함되어 있다. 어떤 것에 대한 유혹은 판단력을 흐리게 하고 생각을 좁게 만든다. 정도를 행하다 조금 손해 보았다고 해서 한탄할 필요가 없다. 반대로 부당한 방법으로 이익을 얻었다고 해서 운이 좋다고 기분 좋아할 일도 아니다. 그로 인해 더 좋은 기회를 놓쳤을 수도 있고, 그 달콤함 속에 도사리고 있는 함정에 언제 빠져들지 모르기 때문이다. ❞

08

욕심을 극복하고
강직한 사람이 돼라

공자가 말했다. "나는 아직 강직한 사람을 보지 못했다."
그러자 어떤 이가 반문했다. "신정이 있지 않습니까?"
공자가 다시 말했다. "신정은 사욕이 너무 많은 사람인데 어찌 강
직하다 하겠는가?"

子曰"吾未見剛者." 或對曰 "申棖" 子曰"棖也慾, 焉得剛?"
자 왈 오 미 견 강 자   혹 대 왈   신 정   자 왈   정 야 욕   언 득 강

(제5편 공야장公冶長)

총명하고 욕심 없는 마황후

마음속에 욕심이 없어야만 강직한 성품으로 공정하게 일을 처리
할 수 있다. 이는 고결한 인격의 조건이기도 하다. 동한시대의 마황
후는 바로 이런 점에서 본받을 만한 인물이라 할 수 있다.

동한 무제 시절, 전쟁에서 혁혁한 공을 세운 명장 마원에게는 총
명하고 영리한 딸이 하나 있었다. 불행히도 일찍 어머니를 여읜데
다 아버지는 늘 전쟁터에 나가 있었기 때문에 동생들을 돌보는 등
의 집안일은 모두 이 딸의 몫이었다. 그 때문인지 딸아이는 또래에
비해 의젓했다.

얼마 후, 무릉의 오계만을 정벌하러 출병한 마원이 전장에서 병
을 얻어 세상을 떠나고 말았다. 그러자 광무제는 마원의 딸을 궁으

로 불러들여 음황후의 곁에서 시중을 들도록 했다. 한편 태자 유장(한나라 명제)은 그녀의 단아한 모습에 마음이 이끌려 점점 그녀를 좋아하게 되었다. 57년 2월 광무제가 붕어한 후 황제의 자리에 오른 유장은 마원의 딸을 귀인으로 봉했다. 그로부터 3년 후 귀인 마씨는 황후가 되었다.

마황후는 뛰어난 재능과 용모를 두루 갖춘 여인이었다. 궁궐에서도 경서와 사서를 꾸준히 공부한 그녀는 특히《춘추》나《초사》를 즐겨 읽었다. 때문에 국가의 중대사를 결정할 때도 그녀는 언제나 지혜롭고 훌륭한 제안을 함으로써 명제를 탄복하게 만들었다.

70년, 연광이라는 사람이 초나라 영왕이 역모를 꾸미고 있다는 상소를 올렸다. 그러자 명제는 자세히 조사하지도 않고 초나라 영왕을 단양으로 내쫓았다. 이 일로 영왕은 스스로 목숨을 끊고 그의 친족과 친구를 비롯해 평소 친분이 있던 영웅호걸들이 모두 수도에서 쫓겨나고 말았다. 또한 이와 관련해 감옥에 갇힌 사람만도 수천 명이 넘었다.

73년, 또다시 이전처럼 많은 사람들이 억울하게 처벌받는 일이 발생했다. 이때 마황후는 국가의 이익을 위해 대담하게 황제에게 간언했다.

"계속 이러면 국가는 위험에 빠지고 폐하의 통치 역시 위기를 맞이하게 될 것이옵니다."

황제는 황후의 간언대로 바로 부당한 처벌을 멈추었다.

마황후는 아무런 편견 없이 여러 신하들의 의견을 들어주었으며 평등하고 너그러운 태도로 그들을 대했다. 그래서 많은 사람들이 마황후를 통해 자신의 의견을 황제에게 전달하고자 했다. 그러면 그녀는 열심히 듣고 신중히 생각한 후, 철저한 조사를 거쳐 사실 그대로를 황제에게 알렸다.

마황후에게는 아이가 없었다. 황후의 성품과 교양을 아꼈던 황제는 가비가 낳은 아들 유달을 그녀 곁에 가까이 두고 교육시키도록 했다. 황후는 유달을 엄격하게 가르쳤다.

또한 마황후는 매우 검소하게 생활해 광목으로 된 옷을 즐겨 입고 왕비들이라면 누구나 하는 치마에 화려한 장신구도 달지 않았다. 다른 왕비들에게도 '광목은 색을 입히기도 쉽고 오래 입을 수 있다'고 강조했다. 그 때문에 궁궐의 모든 사람들이 근검절약을 실천했으며, 황후의 명망은 점점 높아졌다. 가끔 성 밖으로 나갈 때 큰소리로 왕의 행차를 알리는 화려한 행렬이 마음에 들지 않았던 황후는 매번 핑계를 대며 동행을 거절하기도 했다.

75년 8월 명제가 세상을 떠나자 태자 유달, 즉 한나라 장제가 즉위하고 마황후는 마태후가 되었다. 마태후는 장제가 전 왕조의 역사를 잘 이해할 수 있도록 명제에 관한 기록문을 쓰기 시작했다.

마황후의 오빠는 명제의 건강과 약재에 관한 일을 책임지는 관리였다. 이런 그의 공적 역시 기록문에 들어가야 했지만 태후는 그의 이름은 언급도 하지 않았다. 그러자 장제가 말했다.

"외숙부는 부황 곁에서 바쁜 생을 보내셨습니다. 그러니 당연히 외숙부의 이름도 넣으셔야지요."

이에 태후가 고개를 가로저으며 답했다.

"그것은 그가 마땅히 해야 할 일이었습니다."

태후는 친척들이 자신의 지위를 이용해 사욕을 채우는 일을 절대 용납하지 않았다. 아니, 오히려 형제들에게는 더욱 엄격해 도읍의 관리에게 이렇게 말하기도 했다.

"만약 마씨 가문의 형제가 법에 어긋나는 행동을 하면 반드시 법에 따라 처리하도록 하고 나에게도 이를 알려야 한다. 혹 좋은 일을 하더라도 규칙에 따라 상을 내리도록 하라. 지금은 그들 모두 크고 작은 관직에 올라 있으니 혹시 법에 위배되는 일을 하면 그 즉시 관직을 박탈하고 고향으로 보내도록 하라."

장제는 즉위 초에 외숙부들의 관직을 올려주려 했다. 아첨에 능한 대신들 역시 이를 부추겼다. 하지만 마태후는 절대 이를 허락하지 않았다. 황제가 외숙부들이 불만을 품고 자신을 원망할까 걱정하자 마황후는 완벽한 대안을 제시했다.

"고조 때부터 공이 없는 자는 후로 봉할 수 없다고 했습니다. 마씨 가문은 아직까지 나라를 위해 큰 공을 세운 적이 없지요. 게다가 지금 나라는 계속되는 흉년으로 곡식의 가격이 실로 엄청나게 뛰어올랐습니다. 황제께서도 이 때문에 밤낮으로 걱정하고 계시지 않습니까."

잠시 말을 멈춘 그녀가 다시 이야기를 이었다.

"황제가 어렸을 때는 부모에게 기댈 수 있었습니다. 하지만 어른이 되신 지금은 온 힘을 다해 뜻을 실현하고 나라를 올바르게 통치해야 합니다. 그렇게만 된다면 이 어미도 안심할 수 있을 거외다. 그러니 먼저 외숙부들이 공을 세울 수 있도록 그들을 독려하세요."

태후의 말을 들은 장제는 고개를 끄덕이며 이후 외숙부들을 독려

해 전장에서 공을 세우게 했다. 77년 8월 경공과 함께 소당강을 정벌한 마방은 이듬해 서강병까지 물리치고 대장군의 자리에 올랐다.

79년 6월, 궁궐과 국가의 살림을 도맡아 하던 마태후가 병으로 자리에 눕고 말았다. 미신을 믿지 않았던 그녀는 백성들이 자신을 위해서 기도하는 것조차 허락하지 않았다. 겨우 40대였던 그녀는 생의 마지막 역시 조용하고 검소하게 마감했다.

66 논어의 지혜 ────────────

강직함을 유지하며 사욕을 버리고 정직하게 살기란 쉽지 않다. 사람의 본성에 욕심이 자리하기 때문이다.

본능과 이성의 갈등은 성공을 갈망하는 사람에게도 예외가 아니다. 그래서 꿈을 이룬 사람들의 성공 스토리 속에는 욕심과 본능을 이기기 위해 애쓰는 과정이 크게 자리한다. 성공한 사람들의 대부분은 강한 의지력을 가지고 쓸데없는 것에 욕심 부리지 않았던 것이다.

99

09

언젠가는
도움을 받는다

안회와 자로가 공자를 모시고 있을 때 공자가 물었다. "너희들이 각자 지향하는 바를 말해 보아라."

자로가 말했다. "수레와 말, 옷과 가죽옷을 벗과 나누어 쓰다가 그 것이 해지더라도 원망하지 않을 겁니다."

이어 안회가 말했다. "제가 잘한 일을 떠벌리지 않고 저의 공로를 알리지 않겠습니다."

자로가 "이번에는 스승님의 이야기를 듣고 싶습니다."라고 말하자 공자가 대답했다. "노인들을 편안하게 해주고 벗에게는 신의를 지키며 젊은이들에게 좋은 교육을 받도록 하는 것이다."

顔淵, 季路侍. 子曰 "盍各言爾志?"
안 회 계 로 시　자 왈　합 각 언 이 지

子路曰 "願車馬衣輕裘, 與朋友共, 敝之而無憾."
자 로 왈　원 거 마 의 경 구　여 붕 우 공　폐 지 이 무 감

顔淵曰 "願無伐善, 無施勞." 子路曰 "願聞子之志."
안 연 왈　원 무 벌 선　무 시 로　자 로 왈　원 문 자 지 지

子曰 "老者安之, 朋友信之, 少者懷之."
자 왈　노 자 안 지　붕 우 신 지　소 자 회 지 　　　　(제5편 공야장公冶長)

은혜는 은혜로 돌아온다

우리는 매일 천국과 지옥을 드나들며 살고 있다. 도움과 사랑, 나눔을 아는 사람들은 천국에 살지만 자기만 알고 남을 해치는 이는

지옥에 있는 것과 다름없다. 때문에 남을 돕는 것은 곧 나를 돕는 것과 같다.

천국과 지옥의 모습을 몹시 궁금해하던 사람이 있었다. 먼저 지옥을 방문한 그는 정말 이상한 광경을 목격했다. 맛있는 음식을 앞에 둔 지옥 사람들의 얼굴은 하나같이 누렇게 뜨거나 비쩍 말라 있었기 때문이다. 잠시 후 그는 그 이유를 알게 되었다. 문제는 젓가락이었다. 그들이 쓰는 젓가락은 모두 1미터가 넘어 음식을 집더라도 입으로 넣을 수는 없었던 것이다.

"지옥의 생활은 정말 비참하구나!"

잠시 후 그는 천국으로 갔다. 천국 사람들은 모두 즐겁게 웃으며 밥을 먹고 있었다. 하지만 그들이 사용하는 젓가락도 모두 1미터가 넘는 것이었다. 어떻게 된 일일까? 그랬다. 천국 사람들은 긴 젓가락으로 음식을 집어 상대방에게 먹여주었던 것이다. 이를 본 사람은 탄식을 내뱉었다.

"천국과 지옥은 같은 음식에 같은 식기, 같은 환경을 가졌지만 그 결과는 이렇게도 다르구나!"

서진의 정위 고영이 잔치에 참석했을 때였다. 그의 눈에 먹음직스럽게 익고 있는 고기를 보고 침을 꼴깍 삼키는 하인의 모습이 들어왔다. 그 모습이 안쓰러웠던 고영은 자신의 음식을 하인에게 나눠주었다. 잔치에 모인 사람들은 모두 고영의 행동을 비웃었다. 하지만 그는 온종일 고기 굽는 것을 보고도 먹지 못하는 하인에게 자신의 몫을 나눠준 것을 후회하지 않았다.

그 일이 있고 오랜 시간 후, 서진에 팔왕의 난이 일어났다. 여남왕 사마량과 초 왕 사마위, 조 왕 사마륜, 제 왕 사마경, 장사 왕 사마애, 성도 왕 사마영, 하간 왕 사마옹, 동해 왕 사마월이 정권을 차지하기 위해 끔찍한 살육전을 벌인 것이다. 이때 흉노의 수장 유연이 이 기회를 놓치지 않고 서진을 멸망시켰다.

이민족의 침입으로 한족은 고향을 버리고 가족들과 함께 남쪽으로 피난을 떠났다. 도도하게 흐르는 강물이 전화에 휩싸인 북쪽의 광활한 대지로부터 동남쪽 땅을 지켜주었기 때문이다. 원래 강남의 오나라 사람이었던 고영 역시 아무런 망설임 없이 가족들을 이끌고 남쪽으로 향하는 피난 행렬에 동참했다. 그런데 피난길에서 위험에 처할 때마다 누군가가 나서 그의 목숨을 구해주었다.

무사히 강을 건넌 고영은 감사의 말을 전하려고 생명의 은인을 찾았다. 그런데 그를 도와준 이는 알고 보니 바로 옛날 자신이 고기를 나눠주었던 하인이 아닌가!

> **66** 논어의 지혜
>
> 세상이 점점 각박하게 변하고 있는 이유가 과연 무엇일까? 바로 우리 인간의 이기적인 본성에 원인이 있는 것이다. 모든 사람이 자신을 위해 주기만을 바랄 뿐 남을 배려하는 마음이 부족하면 어떻게 되겠는가? 모든 사람들이 남부터 배려하고 서로 믿으며 도움을 준다면 결국 그 혜택은 자신에게 돌아오게 마련이다. 사회가 무미건조하고 각박해지는 것을 걱정한다면 나부터 먼저 남을 배려해보자. **99**

10

가난하다고 비굴하지 말고
부유하다고 교만하지 마라

자공이 물었다. "가난하지만 아첨하지 않고 부유하지만 교만하지 않는 자는 어떻습니까?"
공자가 대답했다. "괜찮다. 하지만 가난하지만 즐거운 자만 못하고 부유하지만 예를 갖추는 자만 못하다."

子貢曰"貧而無諂, 富而無驕, 何如?"
자 공 왈　빈 이 무 첨　부 이 무 교　하 여

子曰"可也. 未若貧而樂, 富而好禮者也."
자 왈　가 야　미 약 빈 이 락　부 이 호 례 자 야

(제1편 학이學二)

권력과 부를 마다하고 가난을 즐긴 엄자릉

행복과 불행은 모두 마음먹기에 달렸다. 가난과 부유함 역시 외적인 요소에 불과하므로 도를 깨친 사람들은 그것에 좌우되지 않는다. 더욱이 돈은 마치 떠다니는 구름과 같으므로 돈이 없다고 근심하거나 부자라고 교만을 부리는 것은 바보 같은 짓이다.

동한시대의 엄자릉은 친구였던 유수가 황제의 자리에 올랐으나 그 덕을 보려 하기는커녕 끝까지 청빈한 생활을 고집했다. 유수 역시 억지로 관직을 강요하지 않고 예로써 벗을 대했다.
엄자릉의 이름은 광光이다. 젊은 시절 한나라 광무제 유수와 동문수학했던 그는 명망 높은 선비였다. 유수는 훗날 황제의 자리에 올라 엄자릉의 행방을 수소문했지만 이름만으로는 찾을 수 없자 그의 초상화를 나라 곳곳에 붙였다. 하지만 여전히 그를 보았다는 소식이 없어 황제는 점점 초조해졌다. 자신이 엄자릉이라 주장하는 사람들이 몇 있긴 했지만 모두 사기꾼이었다. 오랜 시간이 지났지만 엄자릉에 관한 소식은 들려오지 않았다.

천하를 얻은 유수가 반드시 자신을 찾을 것이라 생각한 엄자릉은 이름을 감추고 제현에 있는 부춘산에 은거했다. 천성적으로 정치를 싫어했던 그에게 황제의 강요로 조정의 봉록을 받는 것은 상상도 할 수 없는 일이었기 때문이다. 그는 아침부터 저녁까지 낚시를 하며 여유로운 생활을 만끽하고 있었다.

그러던 어느 날, 나무를 베다 목을 축이기 위해 개울가로 갔던 농부 하나가 우연히 낚시를 하고 있던 엄자릉을 발견했다. 그의 생김새가 낯설지 않다고 느낀 농부는 곧 그가 마을 곳곳에 내걸린 초상화의 주인공임을 깨달았다. 그의 행방을 알려주면 많은 상금을 받을 수 있다는 사실에 농부는 고생해서 베어놓은 나무를 내팽개치고 곧장 관아로 달려갔다.

고을의 현령은 곧 이 사실을 광무제에게 전했다.

"양가죽 옷을 걸치고 부춘산 개울가에서 낚시를 하고 있는 이가 있다는데, 그 모습이 엄자릉을 매우 닮았다고 하옵니다."

유수는 엄자릉을 불러오기 위해 좋은 마차에 진귀한 보물을 가득 실어 부춘산으로 보냈다. 하지만 황제가 보낸 사신에게 엄자릉은 거짓말을 했다.

"사람을 잘못 봤소. 나는 일개 낚시꾼일 뿐이오."

하지만 황제의 사자는 억지로 그를 마차에 태워 도읍으로 데려왔다. 이렇게 황제가 마련해둔 집에 기거하게 된 엄자릉은 매일 산해진미를 먹고 수많은 시종을 거느렸지만 결코 기뻐하지 않았다.

엄자릉의 오랜 친구였던 후패는 벌써 황제의 명을 받아 한나라의 대사도 자리에 올라 있었다. 엄자릉이 황궁에 와 있다는 소식을 들은 후패는 신하인 후자를 통해 엄자릉에게 안부 편지를 보냈다. 후자는 엄자릉에게 공손한 태도로 편지를 전달했다. 하지만 그는 후자의 말을 듣고도 침상에 비스듬히 누운 채 아무런 반응을 보이지 않았다. 그러고는 편지를 한번 쓰윽 훑어보더니 책상 위로 던져버리는 게 아닌가. 후패가 직접 오지 않아 엄자릉이 화가 났다고 생각한 후자가 황급히 변명했다.

"사실 대사도께서 직접 오시려 했지만 정사가 너무 바쁘셔서 잠시도 자리를 뜨실 수가 없었습니다. 저녁이면 잠시 짬을 내 오실 수 있을 테니 우선 답장이라도 써주시지요."

잠시 생각에 잠긴 엄자릉은 시종에게 붓과 먹을 가져오게 한 다음 편지를 썼다.

이보게 군방君房(후패의 자)

자네가 한나라의 대사도가 된 것은 무척 잘된 일이네. 만약 그대가 군왕을 도와 백성을 위해 좋은 일을 할 수 있다면 모두가 기뻐할 걸세. 하지만 자네가 군왕만 받들고 백성의 고통을 돌보지 않는다면, 아니 하느니만 못한 일이지!

3장 _ 심신을 위한 논어의 지혜

여기까지 쓴 엄자릉이 붓을 멈추자 후자는 몇 줄 더 써줄 것을 간청했다. 하지만 그는 입을 굳게 다문 채 아무런 대꾸도 하지 않았다. 결국 후자는 겸연쩍은 얼굴로 자리를 뜰 수밖에 없었다.

한편 후자로부터 편지를 받아 든 후패는 엄자릉이 자신을 무시한다는 생각에 화를 참을 수 없었다. 그는 곧 이를 유수에게 고해바쳤다. 하지만 유수의 반응은 뜻밖이었다.

"나는 그를 잘 알고 있네. 그 옹고집을 말이지."

그날, 유수는 엄자릉을 찾아갔다. 보통 사람이라면 버선발로 뛰어나가 황제를 영접했을 테지만 엄자릉은 여전히 침상에 누운 채 꼼짝도 하지 않았다. 하지만 황제는 이런 모습에 화를 내기는커녕 조용히 엄자릉에게 다가가 그의 배를 툭툭 치며 부드럽게 말했다.

"이보게, 옛정을 생각해 나를 도와주지 않겠나?"

그러자 엄자릉이 무심한 얼굴로 대답했다.

"사람은 저마다 다 뜻이 있는 법이네. 그대는 왜 나를 관직에 앉히지 못해 안달인가?"

이 한마디에 황제는 아무 말 못 하고 긴 한숨만 내쉬고는 궁으로 돌아갔다.

그러던 어느 날, 유수와 엄자릉이 오랜만에 회포를 푸는 자리를 갖게 되었다.

"어떤가? 좀 나아졌는가?"

황제의 물음에 엄자릉이 느긋하게 대답했다.

"전보다는 좀 괜찮아진 것 같네."

그날 밤 두 사람은 같이 잠을 잤는데 엄자릉은 일부러 크게 코를 골고 황제의 배 위에 발을 올려놓기도 했다. 하지만 황제는 이를 전혀 개의치 않았다. 다음날, 신하 하나가 황급히 뛰어와 말했다.

"폐하, 어젯밤 하늘을 관찰해보니 혜성 하나가 폐하를 해하려 했습니다."

황제는 아무렇지 않은 듯 대답했다.

"별것 아니다. 어제 나와 엄자릉이 같이 있었다."

유수는 엄자릉을 간의대부로 임명했지만 끝내 이를 거부한 엄자릉은 다시 부춘산으로 돌아가 농사를 짓고 낚시를 하며 한가로이 시간을 보냈다.

> **❝ 논어의 지혜**
>
> '빈이무첨貧而無諂'(가난하지만 아첨하지 않는다)은 가난한 자가 지킬 수 있는 최후의 자존심이다. 또한 '부이무교富而無驕'(부유하지만 교만하지 않는다)는 그저 소극적인 행위에 불과하다. 이 두 가지 행동의 심리적 배경에는 여전히 가난과 부라는 개념이 존재한다. 그래서 이것을 세속을 초월한 경지라고 말할 수는 없다.
>
> 하지만 '빈이락貧而樂, 부이호례富而好禮'(가난하지만 즐겁고 부유하지만 예를 잊지 않는다)는 빈과 부를 완전히 내던져버리고 겸손함과 어짊, 예의와 양보를 생활의 가장 실질적인 내용과 기준으로 삼는 것이다. 이러한 경지에 다다른 사람이야말로 진정 현명한 사람이요, 삶과 사람을 진정으로 이해하는 사람이라 할 수 있다. **❞**

11

의로운 것이 아니라면
차라리 가난 속에서 기쁨을 누려라

공자가 말했다. "나물밥에 물을 마시며, 팔을 베고 눕더라도 그 속에 삶의 즐거움이 있다. 부정한 수단으로 얻은 재물은 내게 뜬구름과 같다."

子曰 "飯疏食, 飲水, 曲肱而枕之, 樂亦在其中矣.
자 왈 반 소 식 음 수 곡 굉 이 침 지 악 역 재 기 중 의

不義而富且貴, 於我如浮雲."
불 의 이 부 차 귀, 어 아 여 부 운   (제7편 술이述而)

집안을 훌륭하게 다스린 소광

공자가 한 위의 말은 군자의 인격 수양뿐 아니라 일상생활에서도 커다란 영향을 미친다.

소광, 자는 중옹으로 서한시대 동해 난녕 사람이었다. 사서를 두루 통달한 그는 특히 《춘추》에 정통했는데 고향에서 서당을 열어 제자를 양성하기도 했다. 소광의 인격과 학식을 흠모하는 많은 학자들은 먼 길을 마다하지 않고 그를 찾아오곤 했다.

그 재능을 알아본 조정은 소광을 수도로 불러와 태중대부의 관직을 주었다. 지절 3년(기원전 71년) 선제는 그를 황태자의 스승으로 청했으며, 얼마 후에는 태자태부로 승진시켰다.

소광은 나아감과 물러남을 잘 아는 인물이었다. 열심히 태자를

가르쳤던 그는 《논어》와 《효경》을 통해 태자가 치국평천하의 중임을 다할 수 있기를 바랐다. 그는 태자가 12세 되던 해 나이가 너무 많다며 관직을 내놓고 고향으로 돌아갔다.

소광이 떠나기 전 선제는 20근이 넘는 황금을, 황태자 역시 황금 50근을 하사했다. 그밖에 조정 대신들 역시 그를 배웅하며 귀한 선물을 했다. 선물이 어찌나 많았는지 그것을 실은 마차만 수백 대에 달할 정도였다. 소광은 평생 써도 다 쓰지 못할 재물을 가지고 금의환향할 수 있었다.

하지만 고향으로 돌아온 소광은 전답이나 호화로운 집을 사들이는 데는 전혀 관심을 두지 않았다. 재산을 마을 사람들에게 나눠주고 오랜 친구들을 불러 잔치를 벌였다. 또 그는 항상 남은 돈이 얼마나 되는지 확인하며 한 푼도 남기지 않고 재물을 모두 쓰려 했다. 다급해진 소광의 아들들은 평소 아버지와 친분이 두터웠던 친구들을 찾아가 부탁했다.

"저희 대신 아버지를 설득해주십시오. 어서 빨리 집을 짓고 땅을 사들여 가문의 근거를 마련해야 합니다."

하지만 친구들의 권유를 들은 소광은 호탕하게 웃으며 말했다.

"자네들은 내가 바보인 줄 아는가? 내 어찌 자손들의 일을 마음속에 담아두고 있지 않겠나? 집과 토지는 원래부터 있었으니 그 아이들이 절약하고 힘써 꾸리기만 하면 보통 사람들처럼 먹고 입는 데는 아무 문제 없을 걸세."

친구들이 이해할 수 없다는 표정을 짓자 소광이 다시 입을 열었다.

"만약 지금 자손을 위해 집을 짓고 땅을 사들인다면 저 아이들은 먹고 입는 것을 걱정하지 않을 걸세. 그러면 게으르고 나태해지게 마련이지. 재능이 뛰어나고 어진 사람도 재물이 넉넉해지면 의지를 잃고 마네. 멍청한 사람은 더욱 우둔해지는 법이고. 또 돈이 많으면 원한을 살 일도 많아지는 법이지."

소광은 잠시 말을 끊었다가 결연한 표정으로 말을 이었다.

"난 언제나 정사로 바빠 아이들 교육에 소홀했네. 지금 내 자손들을 위해 재물을 쓰지 않는 것은 그들이 스스로의 힘으로 어려움을 극복하고 근면함을 실천했으면 하는 마음 때문이야. 그것이 바로 자식들을 사랑하는 방법이 아니겠나!"

소광의 말에 크게 감동받은 친구들은 더 이상 아무 말도 하지 못했다.

> **❝ 논어의 지혜**
>
> 삶이 언제나 즐겁고 아름다울 수는 없다. 그러므로 중요한 것은 삶의 참뜻을 이해하고 그것이 우리에게 주는 기쁨을 충분히 누리는 것이다. 그러면 저절로 인생의 참된 의미를 깨달을 수 있다. 물론 나물밥과 물 한 잔에 만족하는 사람은 없을 것이다. 하지만 군자는 옳지 못한 수단으로 부를 탐하기보다는 차라리 가난에서 즐거움을 찾는 쪽을 택한다. ❞

12

부끄러움을
아는 사람이 되어라

자공이 묻기를 "어떻게 해야 '선비'라 할 수 있습니까?"라고 하자 공자가 대답했다. "자신이 하는 일에 부끄러움이 무엇인지 알며, 다른 나라에 가서도 군주가 내린 사명을 저버리지 않는 사람이 진정한 선비니라."

子貢問曰 "何如斯可謂之士矣?"
자 공 문 왈   하 여 사 가 위 지 사 의

子曰 "行己有恥, 使於四方, 不辱君命, 可謂士矣."
자 왈   행 기 유 치   사 어 사 방   불 욕 군 명   가 위 사 의 **(제13편 자로子路)**

절개를 지킨 안진경과 심괄

진정한 선비는 덕과 재를 겸비한 사람이다. 선비는 수치심이 무엇인지 알기에 명예와 절개를 무엇보다 중요하게 여긴다. 또한 국가의 대사를 처리할 때도 군주의 얼굴을 더럽히는 일이 없다. 이러한 선비야말로 나라를 이끄는 힘이라 할 수 있다. 당대의 안진경과 심괄이야말로 진정한 선비다운 선비라 할 수 있다.

안진경, 자는 청신으로 당나라 사람이다. 서예에 뛰어난 소질을 보였던 그는 누구보다 나라를 사랑했다. 당 덕종 건중 3년(782년), 회녕 절도사 이희열이 반란을 일으키고 여남을 공격했다. 반란의 무리가 기세를 몰아 수도인 낙양까지 몰려들자 조정은 당황해 우왕

좌왕했다. 이때 재상 노기는 이 기회를 이용해서 평소 눈엣가시였던 안진경을 없애야겠다고 생각했다. 그는 즉시 덕종에게 달려가 말했다.

"안진경은 평소에도 명망이 높은 자이니 어서 그를 보내 이희열을 설득하도록 하십시오. 그러면 칼 한 번 쓰지 않고도 반란의 무리를 평정할 수 있습니다."

이 말을 들은 덕종은 즉시 안진경에게 이희열을 설득하라고 명령했다. 당시 안진경의 나이는 이미 일흔이 넘었다. 하지만 그는 일신의 안위는 내팽개친 채 조카 안현과 수하 몇 명만 거느리고 당장 여남으로 달려갔다.

한편 안진경이 온다는 소식을 들은 이희열은 초장부터 본때를 보여주기 위해 넓은 막사 주위에 부하 1,000여 명을 배치했다. 여남으로 간 안진경이 황제가 보낸 조서를 읽으며 투항을 권고하자 갑자기 한 무리의 병사들이 막사 안으로 들어와 검을 들고는 주위를 둘러쌌다. 하지만 안진경은 얼굴빛 하나 변하지 않았다.

며칠 후 이희열은 술자리를 열어 안진경을 초대했다. 연회가 시작되자 이희열은 기녀들에게 조정을 우롱하는 내용의 춤을 출 것을 명했다. 그러자 안진경이 노기 띤 얼굴로 입을 열었다.

"그대는 당의 신하요. 그런데 어찌 그들에게 조정을 욕보이도록 강요한단 말이오?"

말을 마친 안진경은 소맷부리를 획 치며 자리를 떠나버렸다.

안진경이 여남에 온 뒤 반란을 주도하던 장수들은 저마다 이희열에게 축하의 인사를 건넸다.

"오래전부터 안 태사가 덕망이 높다는 이야기를 들었습니다. 원사께서 황제의 자리에 오르시게 될 터에 재상까지 얻게 되셨으니 얼마나 잘된 일입니까?"

이 말을 들은 안진경은 노발대발했다.

"재상은 무슨 얼어 죽을 재상이냐! 내 나이 팔순이 다 돼가는 마당에 두려울 게 뭐가 있으리. 나를 단칼에 베든 사지를 찢어죽이든 마음대로 하거라. 내 너희들 위협에 눈 하나 깜짝 할 것 같으냐?"

자리에 앉아 있던 반란의 수장들은 그의 서슬 퍼런 호통에 할 말을 잃어버렸다.

심괄은 북송 중·후기의 정치가이자 자연과학자였다. 그는 천문, 수학, 역법, 지리, 물리, 생물, 의학, 문학, 사학, 음악 등 여러 분야에서 탁월한 공을 세웠다. 또한 군주의 기대를 저버리지 않는 뛰어난 외교관이었다.

한번은 요나라의 소희가 하동 황외 일대를 갖겠다며 억지를 부렸다.

"목적을 달성하기 전에는 돌아가지 않겠소."

당시 요나라의 군사력을 겁낸 북송의 대신들은 하나같이 그들의 요구를 들어줘야 한다고 말했지만 유독 심괄만이 이에 동의하지 않았다. 상대방의 요구가 불합리했으므로 송나라 신종은 심괄을 보내 담판을 짓도록 했다.

심괄은 우선 추밀원으로 가 국경 지역과 관련된 이전의 사건 기록 문서를 찾아보았다. 그리고 마침내 요와 송의 국경은 고대 장성을 기준으로 결정되었으며, 지금 분쟁이 난 지역은 장성과 30리나 떨어진 곳이라는 사실을 발견했다. 그는 즉시 문서의 내용을 근거로 지도를 그렸다. 신종이 이 일과 관련해 의논하던 중 심괄의 이야기를 듣고 기쁨을 감추지 못했다.

"대신들은 이 일을 자세히 알아보지도 않고 그 땅을 주어야 한다고 말했으니 자칫하면 국가 대사를 그르칠 뻔했소."

신종이 심괄의 지도를 소희에게 보내자 할 말이 없어진 소희는 두 번 다시 땅이야기를 꺼내지 않았다. 신종은 심괄에게 백금 1,000냥을 하사한 뒤 요나라로 가서 이 일을 마무리짓도록 했다.

심괄 일행이 거란의 궁전에 도착하자 재상 양익계가 그를 기다리고 있었다. 심괄은 우선 수하들에게 분쟁 중인 토지와 관련된 문서를 모두 살펴보게 했다. 그리고 양익계가 질문을 던지면 그의 수하들에게 대답하도록 했다. 다음날도 양익계가 질문을 하면 같은 대답을 했다. 심괄 측이 한치 물러섬이 없자 양익계가 거만한 태도로 말했다.

"당신네는 얼마 되지도 않는 땅조차 포기하지 않는군. 양국의 화친을 이리도 가볍게 버릴 수 있단 말인가!"

무력으로 위협하려는 양익계 앞에서 심괄은 한치 평정도 잃지 않은 채 조용히 대답했다.

"출병에도 마땅한 이유가 있어야만 사기가 높아지는 법이오. 그대들이 예전의 맹세를 어기고 폭력으로 그대들의 민족을 동원하려는 것은 우리 송나라에게 나쁠 것이 하나도 없소!"

여섯 차례에 걸친 담판으로도 심괄의 뜻을 꺾지 못하자 요나라는 황외 지역은 포기하고 천지만 요구해왔다.

협상을 성공적으로 마치고 송나라로 돌아오던 심괄은 요나라의 지세와 풍속, 민심을 상세하게 기록하여 《사계단도초使契丹圖抄》를 완성했다. 그리고 얼마 후 요나라에서의 공로를 인정받아 한림학사의 자리에 올랐다.

논어의 지혜

매일 아침 신문에는 우리를 화나게 하는 사건들이 많이 실린다. 왜 이렇게 많은 사람들이 부끄럽고 수치스러운 일을 아무렇지도 않게 하는 것일까? 그것은 그들의 양심에 수치심이 아예 없기 때문이다. 수치심을 잃은 사람은 아무런 거리낌없이 함부로 말하고 행동하게 된다. 그것이 설령 국가와 민족에 관련된 큰일이라 할지라도 말이다. 부디 수치심을 버리지 말고 자신은 물론 사회에 악이 되는 일은 하지 말자.

제4장

성공을 위한 논어의 지혜

공자가 강조한 도덕의 이미지 때문에 우리는 종종 그가 현실을 주시하고 상황에 따라 융통성 있게 대처했다는 사실을 간과한다. 사실 논어 곳곳에는 거짓말을 가려내고 아첨을 멀리하며 무엇을 하든 그때그때 상황에 맞추어 자신을 변화시킬 줄 아는 지혜가 반짝인다. 이제 그 지혜를 직접 맛보고 깨달음을 얻을 차례다.

01

진심으로
사람을 대하라

조상의 제사를 지낼 때는 마치 조상이 눈앞에 있는 것처럼 하고,
신에게 제사를 지낼 때는 마치 신이 그곳에 있는 것처럼 하라.
공자가 말했다. "직접 제사에 참여하지 않으면 제사를 지내지 않은
것과 같다."

祭如在, 祭神如神在. 子曰"吾不如祭, 如不祭"
제 여 재　제 신 여 신 재　자 왈　오 불 여 제　여 불 제　　(제3편 팔일八佾)

진심이 아닌 행동은 스스로를 해친다

'예禮'로써 사람을 대하는 데 있어 가장 중요한 것은 '진심'이다.
진심으로 예를 행하면 상대방은 자신이 존중받고 있다고 느끼며 즐
거워한다. 하지만 진심이 아닌 '예'는 타인에게 모욕감을 줄 수 있고
심하면 그로 인해 원한까지 생길 수 있다.

　도주공 범려에게는 세 명의 아들이 있었다. 어느 날, 둘째 아들이
살인을 저질러 초나라에 잡혀가자 범려가 말했다.
　"살인을 한 자는 목숨으로 죗값을 치러야 하는 것이 당연하다. 하
지만 천금의 재산으로 내 아들을 살릴 수 있다면 부모로서 어찌 모
른 척할 수 있겠는가!"
　그는 막내아들에게 돈을 건네주어 초나라로 보내려 했다. 그러자
이를 알게 된 첫째 아들이 주위 사람들에게 하소연했다.

"아버님께서 내가 아닌 막내에게 중임을 맡기시는 것은 다 내가 못나서가 아니겠는가!"

이 일로 큰아들이 목숨을 끊으려 하자 도주공은 어쩔 수 없이 첫째 아들을 초나라에 보내기로 했다. 그는 아들에게 편지 한 통을 주며 당부했다.

"초나라에 도착하거든 먼저 내가 말한 장생에게 돈을 주고 무조건 그의 말을 들도록 해라."

이렇게 해서 초나라에 도착한 큰아들은 아버지 말씀대로 장생을 만나 돈을 건넸다. 돈을 받은 장생이 말했다.

"어서 이곳을 떠나게. 여기에 남아 있을 필요는 없네. 그리고 아우가 풀려나더라도 그 과정을 알려고 하지 말게."

하지만 그는 장생의 말을 듣지 않고 면식이 있는 귀인의 집에 몰래 기거하며 동정을 살피기로 했다.

장생은 가난하지만 청렴한 인물로 초나라의 왕과 대신들도 그를 스승으로 모시며 존경해 마지않았다. 사실 장생은 일이 계획대로 마무리되면 범려에게서 받은 돈을 돌려주려 했다. 하지만 도주공의 큰아들은 그의 이런 깊은 뜻을 알아차리지 못했던 것이다.

며칠 후, 장생이 초나라 왕을 찾아가 말했다.

"폐하, 어젯밤 천문을 살펴보니 별의 움직임이 초나라에 매우 불리한 듯 보였습니다. 반드시 좋은 일을 하시어 흉사를 미리 막아야 하옵니다."

장생의 간언이 일리 있다고 판단한 왕은 즉시 대사면을 명령했다. 한편 범려의 큰아들 역시 기거하는 집의 주인을 통해 이 소식을 들었다.

'대사면이 시작되면 아우는 틀림없이 풀려나겠지. 그렇다면 그 많은 재물을 허투루 쓴 게 아닌가!'

생각이 여기까지 미친 그는 장생에게 준 돈이 아까운 나머지 그를 찾아갔다. 그를 본 장생은 깜짝 놀랐다.

"자네가 왜 아직까지 여기에 있는 건가?"

그러자 그가 말했다.

"아우가 사면된다기에 인사를 올리고자 왔습니다."

그의 속마음을 눈치챈 장생은 아무 말 없이 받은 돈을 돌려주었다. 하지만 이 일로 머리끝까지 화가 난 장생은 당장 초나라 왕을 찾아가 아뢰었다.

"폐하께서 대사면을 명령하신 것은 덕으로 흉을 없애기 위함이었습니다. 헌데 지금 민간에서는 도나라의 부호 도주공이 살인을 저지른 아들을 살리기 위해 관리들에게 뇌물을 주고 있다는 소문이 파다하게 퍼져 있습니다. 그래서 폐하의 금번 대사면 조처가 초나라의 백성이 아닌 도주공의 아들을 위한 것이라고 말하는 이도 있습니다."

이 말을 들은 초나라 왕은 불같이 성을 내며 그 즉시 도주공 범려의 둘째 아들을 참형에 처했다.

범려의 큰아들이 아우의 유골을 들고 돌아오자 그의 어머니와 친척들은 모두 비통함을 감출 수 없었다. 그때 범려가 입을 열었다.

"나는 네 행동이 아우를 해칠 것이라고 짐작했다. 내 당초에 너를 보내려 하지 않은 것은 너를 믿지 못해서가 아니었다. 너는 어렸을 때부터 나를 따라다니며 갖은 고생을 했다. 그래서 재물의 소중함을 누구보다 잘 알지. 허나 네 아우는 부유한 환경에서 자라 고생이 무언지, 돈을 벌기가 얼마나 힘든지 모른다. 네가 얼마나 재물을 아끼는지 잘 알았기에 너를 보내지 않으려 한 것이다. 나는 벌써부터 일이 이렇게 될 줄 알고 있었다."

범려의 큰아들은 그제야 자신의 행동을 후회했지만 그렇다고 죽은 아우가 살아 돌아올 수는 없었다.

논어의 지혜

'마치 신이 그곳에 있는 것처럼 제사를 지내라'는 말은 단순한 미신이 아니다. 그것은 인간 세상 밖에 존재하는 신의 세계를 인정하는 것이며, 사람의 마음속에서 느낄 수 있는 신의 존재를 가리키는 말이다. 또한 이는 정신세계를 정화하는 수단이며 타인을 대하는 태도이기도 하다. 진심으로 남을 대하면 상대방 역시 진심으로 나를 대하게 마련이다. 하지만 겉만 번드르르한 행동은 마치 대나무 바구니에 물을 붓는 것처럼 아무것도 남는 게 없는 법이다.

02

믿을 수 있는
사람이 돼라

증자가 말했다. "어린 임금을 보필하도록 맡길 만하고, 사방 백리의 나라를 다스리도록 부탁할 만하고, 큰일에 임하여 그의 절개를 빼앗을 수 없다면 군자라 할 수 있을까? 그가 바로 진정한 군자일세!"

曾子曰 "可以托六尺之孤, 可以寄百里之命,
증 자 왈   가 이 탁 육 척 지 고   가 이 기 백 리 지 명

臨大節而不可奪也君子 人與? 君子人也."
임 대 절 이 불 가 탈 야 군 자 인 여   군 자 인 야   (제8편 태백泰伯)

어린 아들을 제갈량에게 맡긴 유비

역사를 통해 자신의 후손과 나라를 다른 사람에게 맡긴 군왕을 자주 볼 수 있다. 물론 이런 일은 성공보다 실패가 더 많은 법이다. 하지만 성공한 예도 있다. 이윤이나 주공, 제갈량이 바로 그 주인공들이다. 그들은 모두 지와 덕을 겸비했으며 충성심이 뛰어났다는 공통점이 있다. 이런 사람들이야말로 진정한 군자라 할 수 있다.

223년 동오와의 전쟁에서 패한 유비는 중병을 얻어 임종을 맞게 되자 국가의 대사를 승상이었던 제갈량에게 일임했다. 제갈량은 유비의 유언을 받들어 후주 유선을 보필하며 훌륭하게 정사를 돌봤다. 불필요한 관직을 줄이고 기구를 간소화했으며 백성의 부담을 줄여 정치와 경제에서 좋은 성과를 거두었다. 이렇게 제갈량 통치

하의 촉한은 점점 더 강성해졌다.

제갈량은 세심하게 내정을 돌보는 한편 대외적으로는 적극적인 정책을 펼쳤다. 그는 나라의 내외적 상황을 면밀히 분석한 후 동오와의 화친을 결정했다. 동오의 손권 역시 위나라와 단교했기 때문에 오·촉 동맹을 맺기로 한 것이다. 이렇게 삼국의 정립은 더욱 공고해졌다. 오·촉 동맹으로 동쪽의 근심을 덜게 된 제갈량은 직접 남중 지역의 반란을 평정하기로 했다.

당시 맹획은 현지의 소수민족들 사이에서도 꽤 명망 높은 인물이었다. 그런데 제갈량은 그를 일곱 번이나 잡았다가 놓아주는 고도의 심리전을 이용해 결국 완전한 항복을 받아냈다. 이렇게 또 하나의 근심거리를 제거하고 후방을 안정시킨 제갈량은 남쪽에서 적지 않은 재물과 인력을 끌어모아 훗날 북위를 정벌하는 밑거름을 만들어 놓았다. 이제 제갈량은 조조를 물리쳐 중원을 통일하기로 했다.

227년, 촉한 내부 일을 모두 정리한 제갈량은 후주 유선에게 그 유명한 〈출사표〉를 바치고 길을 떠났다. 출사표에는 조정의 어떤 인물이 충직하며, 어떤 인물에게 중임을 맡겨도 되는지를 자세히 알려주는 내용이 담겼다. 또 유비의 은혜와 믿음을 저버리지 않고 반드시 중원을 찾아 촉한을 부흥시키겠다는 굳은 결심이 그대로 드러나 있었다. 후주 유선은 제갈량이 남긴 말을 그대로 따랐다.

한편 제갈량이 오고 있다는 소식을 들은 위나라의 천수, 남안, 안정의 3군은 싸우지도 않고 항복해 버렸다. 이런 소식에 당황한 위나라 조정은 즉시 조진을 보내 적에 맞서도록 하는 한편, 장합에게는 기마병 5만을 줘 기산에서 제갈량을 공격하도록 했다.

제갈량은 참군 마속을 선봉으로 삼아 가정에서 장합과 싸우도록 했다. 하지만 마속은 제갈량의 명령대로 따르지 않음으로써 장합에게 대패하고 말았다. 이런 상황에서 전진해봤자 아무런 이득이 없음을 잘 알았던 제갈량은 한중으로 돌아갈 수밖에 없었다.

228년 겨울, 위나라의 장수 조수가 오나라와의 전투에서 패하고 동쪽으로 가고 있다는 소식이 들려왔다. 두 번째 출사를 결심한 제갈량은 병사 수만을 모아 산관과 진창을 포위하도록 했다. 하지만 20일이 넘도록 진창을 손에 넣지도 못하고 군량마저 바닥이 나 또다시 후퇴할 수밖에 없었다.

229년 봄, 다시 위나라를 공격한 제갈량은 무도와 음평을 손에 넣었다. 231년 2월 이번에도 기산을 포위한 제갈량은 나무로 만든 소에다 군량을 옮기고 이엄에게 식량 수송을 맡겼다. 하지만 군량이 제때 도착하지 못해 또다시 철수해야만 했다.

3년간 심혈을 기울여 군대를 정비하고 물자를 모은 제갈량은 나라의 대사를 장완 등에게 맡기고 유선을 찾아갔다. "조조를 없애고 중원을 되찾기 전까지는 폐하를 뵐 수 없을 것 같사옵니다."

그는 234년 2월 마침내 다섯 번째 북벌에 나섰다. 제갈량의 군대를 맞아 몇 번의 싸움에서 계속 패한 위나라의 사마의는 성문을 굳게 닫아걸었다. 하지만 부하들이 명령을 듣지 않고 마음대로 출전하여 대사를 그르칠 것을 걱정한 그는 낙양으로 사람을 보내 조예에게 조서를 써달라고 부탁했다.

한편 나라를 위해 몸을 돌보지 않았던 제갈량은 결국 병을 얻어 자리에 눕고 말았다. 양의와 강유는 이런 제갈량 앞에서 눈물에 목이 메어 말을 할 수 없었다. 제갈량은 마지막 힘을 다해 힘겹게 유언을 남겼고 양의가 그것을 써내려갔다.

그날 밤 결국 제갈량은 세상을 떠나고 말았다. 당시 그는 54세였으며 촉한이 세워진 지 12년째 되던 해였다. 양의와 강유는 제갈량의 유언에 따라 그의 시신을 마차에 앉히고 조용히 퇴각했다.

제갈량의 사망소식을 접한 사마의는 안심하고 촉군의 뒤를 쫓았다. 그때 촉나라 군대가 깃발을 흔들고 북소리를 울리며 맹렬한 기세로 돌진해오는 것이 아닌가. 또다시 제갈량의 계략에 속았다고 생각한 사마의는 황급히 말을 달려 도망쳐버렸다. 위나라 병사들역시 무기를 버리고 앞다투어 달아났고 수십 리를 달려 촉나라 군사가 더 이상 쫓아오지 않음을 확인한 뒤에야 멈춰섰다. 겨우 정신을 차린 위나라는 정탐꾼을 보내 촉군의 상황을 살피도록 했다.

"적은 이미 사곡까지 후퇴했으며 흰 기를 꽂아 제갈량의 죽음을 애도하고 있습니다."

사마의는 뒤늦게 다시 그들을 쫓아갔지만 이미 촉군은 그림자조차 보이지 않았다.

66 논어의 지혜 ─────────

소설이나 역사책을 통해 군주가 충직한 신하에게 후손이나 나라의 대사를 맡기는 이야기를 자주 접할 수 있다. 하지만 오늘날 그런 중대한 부탁을 할 만큼 믿음직스러운 사람을 만나기란 쉽지 않다. 때문에 평소 친구를 사귈 때 그가 믿음과 성의를 가진 사람인지 정확하게 판단해야 한다. 믿음과 성의가 없는 친구는 정작 중요한 시기에 의를 저버리고 내가 곤경에 처했을 때 외면할 수 있다.

99

03

끈기를 가져라

공자가 말했다. "남쪽 사람들은 '끈기가 없는 사람은 무당이나 의원조차 되기 힘들다'라고 말하는데, 그 얼마나 옳은 말이냐! 끈기를 가지고 덕을 쌓지 못하면 수치스러움을 당할 수밖에 없다."

공자가 다시 말했다. "끈기가 없는 사람은 점치는 것도 쓸모없다는 말이다."

子曰 "南人有言曰 '人而無恒, 不可以作巫醫' 善夫!
자 왈   남 인 유 언 왈   인 이 무 항   불 가 이 작 무 의   선 부

不恒其德, 或承之羞." 子曰 "不占而已矣."
불 항 기 덕   혹 승 지 수   자 왈   부 점 이 이 의   (제13편 자로子路)

굳센 의지를 지닌 경엄과 사마천

의지는 끈기의 기본이며 포부의 크고 작음을 나누는 기준이 된다. 작은 포부는 작은 목표이며 큰 포부는 큰 목표이다. 그러므로 작은 포부는 작은 일을 이루고 큰 포부는 큰 성공을 이룬다.

제갈량은 "사람의 뜻은 높고 멀어야 한다"고 말했다. 위대한 군사, 문학가, 정치가, 과학자, 의학자 등이 되겠다는 크고 높은 포부를 가져야 한다는 말이다. 이렇게 위대한 포부나 일생을 함께할 만한 이상을 가져야만 끈기를 가지고 이를 이루기 위해 노력할 수 있다.

동한 원년, 경엄이라는 사람이 있었다. 어렸을 때부터 글 읽기를 좋아했던 그는 군사 분야에도 관심이 많았다. 그래서 늘 병사들이

훈련받는 모습을 몰래 훔쳐보며 꼭 훌륭한 군사가 되리라 결심했다.

훗날 광무제 유수가 북방에서 군대를 조직할 때 경엄은 유수를 도와 전쟁에서 많은 공을 세웠고, 이내 동한의 명장으로 이름을 날리게 되었다. 어린 시절의 포부를 이룬 것이다.

어느 날 경엄은 유수에게 사패왕 장보를 토벌할 군대의 지휘권을 달라고 간청했다. 당시 이미 12개의 주군을 점령한 장보의 위세는 하늘을 찌를 듯 높았다. 때문에 유수로서는 경엄에게 지휘권을 주는 것을 망설일 수밖에 없었다. 하지만 장보의 존재가 위협이 된다는 사실을 익히 알고 있었기에 결국 경엄의 청을 들어주었다.

한편 경엄이 온다는 소식을 접한 장보는 신속하게 병사들을 축하와 임치 일대에 나누어 배치했다. 하지만 경엄은 한치의 흔들림 없이 용맹하게 공격을 시작해 곧 축하를 손에 넣었다. 그리고 승리의 기세를 몰아 곧바로 임치를 공격했다. 부하들의 연이은 패배를 본 장보 역시 직접 병사들을 이끌고 임치로 갔다. 이로써 경엄과 장보의 군대는 임치 성밖에서 만나게 되었다.

경엄은 격전 중에 넓적다리에 화살을 맞았다. 대장이 부상을 입자 군심은 동요되었고 장수들은 하나같이 휴전을 요구했다. 그러자 경엄이 노기를 띤 얼굴로 말했다.

"좁은 길에서 만나 싸우면 용맹한 자가 이긴다고 했다. 이제 승리가 눈앞에 있는데 휴전이라니, 있을 수 없는 일이다!"

그러고는 허리춤에 차고 있던 칼을 꺼내 다리를 관통한 화살을 잘라내고는 적진을 향해 무섭게 돌진해갔다. 그의 용맹함을 본 병사들 역시 죽기를 각오하고 싸움을 벌인 결과, 경엄의 군대는 싸움에서 승리할 수 있었다. 한편 승전보를 전해들은 유수는 매우 기뻐하며 직접 임치로 건너가 병사들을 위로했다.

"처음 장군이 내게 장보를 물리칠 계획을 말했을 때, 너무 자신감에 넘쳐 있는 게 아닌가 걱정했었소. 하지만 이제 보니 뜻이 있는 자는 분명 성공하는가 보오!"

장엄의 이야기에는 굳센 의지를 가진 사람이 자신의 뜻을 꺾지 않고 끝까지 노력하면 반드시 성공한다는, 아주 당연하지만 실천하기는 힘든 교훈이 담겨 있다.

서한의 유명한 역사학자요 문학가인 사마천는 젊은 시절 아버지의 뜻을 이어받아 《사기》를 완성했다. 사마천의 아버지 사마담은 한나라 무제 때의 태사관이었다.

기원전 110년, 무제가 태산에서 봉선封禪(천신과 지신에게 지내는 제사)의 대전을 지내게 되었다. 대단히 중요한 제사였지만, 당시 큰병을 앓고 있던 사마담은 황제를 모시고 태산으로 가지 못했다. 그날, 사마천이 바깥일을 마치고 집으로 돌아갔을 때 아버지는 곧 끊어질 듯한 숨을 힘겹게 내뱉고 있었다. 임종 직전, 사마담은 아들의 손을 꼭 붙잡고 눈물을 흘리며 말했다.

"우리 조상은 주나라의 태사였고 더 이전인 우순과 하우 시절에는 사사관으로 이름을 날리기도 했다. 춘추전국시대 이후로 그것이 이어지지 못하고 우리 대에 이르러서는 가문의 영광이 끊어지게 되었구나! 내가 죽고 만약 네가 태사의 자리에 오르면 통사를 완성하려 했던 내 염원을 잊어서는 안 된다. 이제 어지럽던 시절은 지나고 한나라가 천하를 통일하여 나라는 더없이 부유하고 강해졌다. 그런 상황에서 태사의 자리에 있었건만 나는 꿈을 이루지 못했다. 이제 그것을 너에게 부탁하려 한다. 그러니 절대 내 말을 잊지 말거라.”

사마천은 무릎을 꿇고 눈물을 흘리며 대답했다.

“비록 미천한 재능이지만 아버지의 뜻을 반드시 이어가겠습니다. 선인들이 남겨준 귀중한 사료를 바탕으로 하되 절대 더하거나 빼지 않을 것입니다!”

사마담이 죽은 지 3년째 되던 해, 사마천은 태사령의 자리에 올랐다. 꼼꼼하게 자료를 모아 연구하는 사이 한 달이 가고 한 해가 다 가버렸다. 그러던 중 사마천은 흉노에게 투항한 이릉을 옹호하다가 궁형을 받게 되었다. 남자로서는 견디기 힘든 굴욕적인 형벌이었지만 아버지의 유언과 태사령이라는 직위의 책임을 먼저 생각했던 그는 묵묵히 궁형을 받아들였다. 그리고는 사서를 집필하는 데 더욱더 매진했다. 그렇게 14년이라는 시간이 흐른 후, 그는 마침내 위대한 역사서 《사기》를 완성하기에 이르렀다.

> 66 논어의 지혜
>
> 인생의 목표를 실현하는 과정은 복잡하고 험난하다. 그 길은 아름다운 꽃길이 아니라 가시밭길일 수도 있다. 따라서 단순히 높은 이상뿐만 아니라 목표를 향해 전진할 수 있는 끈기와 인내심이 필요한 것이다. 공자 역시 “뜻은 높고 멀리 가져라.”고 말했으며 “끈기를 가진 자만이 성공할 수 있다.”고 했다. 크고 높은 뜻을 세우는 것은 성공으로 통하는 길이자 자기 수양과 분투를 위한 지혜이다. 99

04

중요한 것은
힘이 아니라 덕이다

공자가 말했다. "천리마가 칭송받는 것은 힘이 아니라 덕 때문이다."

子曰 "驥不稱其力, 稱其德也."
자 왈　기 불 칭 기 력　칭 기 덕 야

(제14편 헌문憲問)

강직한 관리 동선

도덕을 중시하는 공자의 사상은 중화 민족, 더 나아가 아시아 민족의 정신과 문명 발전에 오랫동안 중요한 영향을 미쳐왔다. 공자의 영향을 받은 수많은 군자와 영웅호걸들은 청렴결백을 지키며 권력에 굴하지 않고 백성을 위해 일신을 바쳤다.

강항령強項令('고개를 꼿꼿이 든 현령'이라는 뜻으로 강직한 관리를 일컬음-옮긴이) 동선은 악행과 악인을 원수처럼 여기고 권력을 두려워하지 않는 사람이었다. 공정한 법처리를 위해서는 황제에게도 맞섰던 그의 강직함은 오늘날의 우리가 본받아야 할 훌륭한 정신이다.

동선의 자는 소평으로, 동한 진류군(지금의 하남 개봉 동남쪽 진류성-옮긴이) 사람이었다. 어려서부터 학문 수양에 힘써 경서와 사서에 두루 통달한 그는 여러 번 현령의 직위를 맡아 많은 공을 세운 덕분에 훗날 북해 국상으로 임명되었다.

일흔을 바라보던 그는 또다시 낙양 현령으로 발령이 났다. 낙양은 동한의 수도로서 당시 그곳의 권문세도들은 권력을 믿고 법을 지키지 않기로 유명했다. 하지만 동선은 법집행에 있어 권력가들도 예외로 두지 않았다.

언젠가 황제의 누이인 호양공주의 하인 하나가 주인의 권력을 믿고 벌건 대낮에 시장에서 사람을 죽인 일이 일어났다. 그러고는 뻔뻔스럽게도 공주의 집으로 숨어버렸다. 낙양 관아의 관리들은 범인의 행방을 알면서도 감히 공주의 집으로 쳐들어가지 못해 한숨만 쉬고 있었다. 그러자 동선은 몰래 사람을 보내 범인의 동향을 살피게 한 뒤 그를 잡을 기회를 엿보았다.

며칠 후, 어느 정도 마음을 놓은 범인은 대담하게도 마차를 타고 공주의 외출에 동행했다. 정탐꾼을 통해 이를 알게 된 동선은 즉시 사람을 보내 공주의 행렬이 지나는 길목을 막아섰다. 잠시 후, 마차가 도착하자 동선은 날카로운 검을 손에 쥔 채 길 중앙에 버티고 섰다. 그 모습을 보고 깜짝 놀란 공주는 이내 노기 띤 목소리로 소리쳤다.

"웬 놈인데, 내 길을 막아서는 게냐!"

그러자 동선이 침착하게 대답했다.

"마마, 저는 현령 동선이라 하옵니다. 도주중인 살인범을 잡으러 왔사오니 그를 내어주시지요."

호양공주의 눈에 일개 낙양령 따위가 들어올 리 만무했다. 그녀는 더욱 오만한 표정으로 대꾸했다.

"현령이라는 자가 조정의 법도도 모른단 말이냐! 어디 감히 흉악한 무기를 들고 내 마차를 막아서는 게냐. 내 너를 어떻게 벌주어야 할지 모르겠구나!"

하지만 동선은 조금도 동요하지 않았다.

"공주마마의 법도는 그리 엄격하지 않나 보옵니다. 그러니 아랫사람이 법을 무시하고 벌건 대낮에 사람을 죽일 수 있었겠지요. 이 일에는 본래 상전의 책임도 있사온데 이제 그를 감싸기까지 하시다니요! 자고로 왕이 법을 어기면 백성 역시 같이 죄를 짓는다 했사옵니다. 속히 살인범을 내주십시오!"

한치도 물러서지 않는 동선을 보고 수치와 분노가 극에 달한 호양공주는 될 대로 되라는 심정으로 입을 열었다.

"그래, 내 하인이 사람을 죽였다고 치자. 그래도 내가 그를 내놓지 않겠다면 네놈이 어쩌겠느냐!"

그러자 동선은 더 이상 기다리지 않고 사람을 시켜 강제로 살인범을 마차에서 끌어내버렸다. 놀라는 한편 분노를 참지 못한 호양공주는 즉시 황궁으로 달려가 눈물을 흘리며 이 일을 황제에게 고해바쳤다.

9세 때 부모를 잃고 어려서부터 누이에게 의지했던 터라 누이에 대한 광무제의 애정은 남달랐다. 그녀로부터 동선의 '무례'한 행동을 전해들은 황제는 즉시 동선을 불러들였다. 황제는 전후사정은 알아보지도 않고 다짜고짜 동선의 참수형을 명령했다. 하지만 동선은 두려운 기색 하나 없이 당당하게 말했다.

"폐하, 죽기 전에 한마디만 할 수 있도록 허락해 주시옵소서."

"더 이상 무슨 할 말이 있느냐!"

광무제 유수가 화를 억누르며 말했다.

"폐하께서는 덕으로 한실을 일으키셨사옵니다. 한데 이제 누이의 말만 듣고 살인범을 살려주려 하시다니 앞으로 어떻게 천하를 다스리려 하시옵니까? 다른 사람의 손을 빌릴 필요도 없이 제 스스로 이 한 목숨 끝내겠사옵니다!"

동선은 스스로 기둥에 머리를 세게 찧자 금세 붉은 피가 그의 온몸을 적셨다. 그제야 유수는 자신의 어리석음을 깨달음과 동시에 동선의 강직한 모습에 감탄해 황급히 동선을 말리도록 했다.

하지만 공주의 체면도 생각하지 않을 수 없었던 황제는 조금 누그러진 목소리로 말했다.

"만약 호양공주에게 고개를 숙이고 잘못을 빈다면 너를 풀어주겠다."

"법대로 행했을 뿐인데 무슨 죄가 있다는 말씀입니까!"

동선은 황제의 제안을 완강히 거부했다.

동선의 꼬장꼬장한 태도에 슬그머니 화가 난 황제는 사람을 시켜 억지로 그의 머리를 숙이게 했다. 하지만 동선은 두 손으로 바닥을 받치고 목에 잔뜩 힘을 주며 절대 고개를 숙이지 않았다.

이 모습을 지켜보던 공주가 고개를 돌려 황제에게 말했다.

"문숙(유수의 자)은 평민이었을 때조차 관부에서 함부로 하지 못했습니다. 그런데 어찌하여 천자가 되신 지금 일개 현령 하나를 마음대로 다루지 못하신단 말씀입니까?"

동선의 기개에 마음이 흔들린 유수가 웃으며 말했다.

"바로 천자이기 때문에 지금은 일을 함부로 처리할 수 없는 것입니다."

말을 마친 황제는 즉시 '강항령'을 풀어주었다.

그날 이후 낙양성의 권문세도가들은 동선의 이름만 들어도 식은 땀을 흘렸다고 한다.

 논어의 지혜

공자는 인생을 살면서 기본적으로 수양해야 할 것을 '말馬'을 통해서 알려준다. 천리를 달릴 수 있는 좋은 말에게 힘은 더할 나위 없이 중요하다. 하지만 무엇보다 중요한 것은 길을 잘 알고 주인을 보호하려는 '덕'이라는 뜻이다. 덕은 참된 인생의 밑거름이자 개인의 능력을 뒷받침하는 기둥이기도 하다. 무엇이든 덕을 떠나면 근간이 흔들릴 수밖에 없는 것이다.

05

오로지 덕만이
살길이다

남궁괄이 공자에게 말했다. "예는 화살 쏘기에 능하고 오는 땅에서도 배를 저을 정도였지만 모두 제명에 죽지 못했습니다. 하지만 우와 직은 직접 땅을 갈았지만 결국 천하를 얻었습니다. 이들을 어떻게 봐야 합니까?"

공자는 아무런 대답도 하지 않았다. 남궁괄이 자리를 떠난 후 공자가 말했다. "그가 진정한 군자로다! 그는 진정으로 덕을 숭상하고 있구나!"

南宮适問於孔子曰 "羿善射, 奡盪舟, 俱不得其死然.
남 궁 괄 문 어 공 자 왈　예 선 사　오 탕 주　구 부 득 기 사 연

禹, 稷躬稼而有天下." 夫子不答. 南宮适出,
우　직 궁 가 이 유 천 하　부 자 부 답　남 궁 괄 출

子曰 "君子哉若人! 尙德哉若人!"
자 왈　군 자 재 약 인　상 덕 재 약 인

(제14편 헌문憲問)

덕은 이어가야 할 가업이다

덕은 반드시 후대에게 물려주어야 할 '재산'이다. 반면 돈이나 사업 혹은 요령은 영원할 수도, 계승할 수도 없는 것들이다. 진정 지혜로운 사람은, 자신은 물론 후대의 입신立身을 위한 가장 든든한 기둥은 바로 도덕의 수양이라는 사실을 잘 알고 있다.

당나라 태종 당시, 서생 출신의 잠문본은 오로지 자신의 재능만

으로 재상의 자리에 오른 사람이었다. 그가 재상의 자리에 올랐을 때 그의 집 앞에는 축하하려는 사람들의 행렬이 끊이지 않았다. 하지만 잠문본은 이를 기뻐하기는커녕 못마땅하게 여겼다.

"나는 이제 막 중임을 부여받았을 뿐 아무런 공적도 세우지 못했고 원래 덕이 있는 사람도 아니다. 그런데 축하는 무슨 축하란 말인가! 오늘 나는 그대들의 경고만 들을 것이다. 좋은 말이라면 꺼낼 것도 없다!"

무안해진 하객들이 그냥 돌아가 버리자 잠문본의 가족들은 그에게 불평을 토해냈다. 하지만 그의 생각은 확고했다.

"좋은 마음으로 왔다는 것을 왜 모르겠는가. 하지만 분명 그들 중에는 무언가를 바라고 아첨하려는 무리가 있었을 것이다. 그런데도 내가 그들을 내치지 않았다는 것을 황상께서 전해 들으시기라도 하면 내가 권력을 믿고 함부로 행동한다고 여기실 텐데 그 결과가 어떠하겠는가? 그러니 너희는 이 사실을 꼭 기억해라. 사람은 자만하여 자신의 처지를 잊어서는 안 된다. 무엇이든 얻기는 힘들지만 잃는 것은 한순간이다."

또한 잠문본의 가족들은 가장이 높은 지위에 올랐으니 마땅히 큰 집을 짓고 가산을 늘려야 한다고 말했지만 잠문본에게는 소귀에 경 읽기와 같았다. 그러자 그의 아내는 식음까지 전폐하며 불평을 쏟아냈다.

"이제 높은 지위에 오르셨으니 자손 생각도 좀 하셔야지요. 지금 사람들이 당신의 청렴함을 두고 뭐라 하는 줄 아세요? 사서 고생을 한다고 합디다. 그래서 자식들까지도 괴롭게 한다고 말입니다. 왜 우리가 그런 조롱을 받아야 합니까?"

아내의 이야기를 잠자코 듣던 잠문본은 무슨 생각에서인지 가족들을 침상 앞으로 불러모았다.

"지금 너희가 무엇을 원하는지 내 안다. 하지만 그것은 모두 속세의 인간들이 원하는 것이다. 당장은 이익이 있는 듯하지만 멀리 보면 다 해가 되는 법. 일개 서생이었던 나는 가진 것 하나 없이 도읍으로 왔다. 그때는 내가 이렇게 높은 관직을 얻게 될 줄도 몰랐다. 이 모두는 황제의 은덕이며 내 자신이 쉬지 않고 노력한 결과이기도 하다."

그는 가족들을 둘러보며 말을 이었다.

"가장 중요한 것은 용감하게 맡은 일을 하는 것뿐이다. 이 모든 것을 잘 알고 있는 내가 어찌 재산을 늘리고 그것으로 교만해지는 범부의 속된 행동을 따를 수 있겠느냐. 그것은 너희에게도 백해무익하다. 우리가 부유해지면 너희는 분명 현실에 안주하고 앞으로 나아가는 것을 잊은 채 눈앞의 이익만 탐하게 될 것이다. 그것이야말로 가장 커다란 화근이야. 그런데도 어찌 나에게 그 일을 하라고 하느냐? 더 이상 나를 원망하지 말거라."

잠문본의 가족들은 이제야 그의 깊은 뜻을 헤아린 양 모두들 고개를 끄덕였다. 그러자 그는 더없이 기뻐하며 이렇게 말했다.

"나는 금은보화가 아닌 자손들을 재산으로 삼을 것이다. 그것이야말로 가장 가치 있는 일이 아니겠느냐!"

태종 역시 이런 잠문본을 누구보다 총애했다. 잠문본이 세상을 떠나자 조정에서는 그에게 후한 장례를 치러주었다. 그리고 예종에 이르기까지 그의 자손들 중 높은 관직에 오른 사람은 10여 명이 넘었고 그의 집안 또한 가장 명망 있는 가문이 되었다.

❝ 논어의 지혜

타고난 재능이 차이 나서, 교육 정도가 달라서, 혹은 사회적 지위와 직책이 다르기 때문에 일하는 능력 역시 차이가 날 수밖에 없다. 하지만 덕을 중시하고 그것을 실천하는 사람은 자신의 일을 훌륭히 완수할 수 있으며 희망 가득한 미래를 맞을 수 있다. 덕은 훌륭한 인격을 갖추는 수단으로서 갖은 요령이나 힘보다 더 큰 영향력을 발휘하며 오랫동안 이어질 수 있다.

❞

06

도를 구하고
행하라

공자가 말했다. "군자는 도를 구하고 이를 행하지 음식을 구하지 않는다. 밭을 갈아도 배를 주리고, 글을 읽어도 봉록을 얻을 수 있다. 군자는 도를 구하지 못함을 걱정할 뿐, 가난을 근심하지 않는다."

子曰"君子謀道不謀食. 耕也, 餒在其中矣, 學也, 祿在其中矣.
자 왈 군 자 모 도 불 모 식   경 야   뇌 재 기 중 의   학 야   녹 재 기 중 의

君子憂道不憂貧."
군 자 우 도 불 우 빈

(제15편 위령공衛靈公)

천하를 먼저 걱정한 범중엄

공자가 주장한 '모도불모식謀道不謀食'(도를 구하고 먹을 것을 구하지 않는다-옮긴이)이나 '우도불우빈憂道不憂貧'(도를 걱정하고 가난함을 근심하지 않는다-옮긴이)은 공허한 설교가 아니다. 그것은 그가 직접 경험한 것을 바탕으로 정한 생활의 원칙이다.

공자의 일생은 말 그대로 '모도불모식'하고 '우도불우빈'하는 삶이었다. 공자는 일찍이 이런 말을 했다.

"덕을 닦지 않고 학문을 연마하지 않으며, 의로움을 듣고도 행하지 못하고, 나쁜 것을 고치지 못하는 것. 내가 걱정하는 것이 바로 이런 것들이다."

이 말에는 천하를 먼저 걱정하고 나라와 민족을 먼저 생각하며 문화의 뿌리가 흔들리는 것을 염려한 공자의 모습이 드러난다.

북송 때의 학자 범중엄이 쓴 《악양루기》에는 '불이물희不以物喜 불이기비不以己悲'(사물 때문에 기뻐하지 않고, 나 때문에 슬퍼하지 않는다 – 옮긴이)와 같은 넓은 마음과 '먼저 천하의 근심거리를 걱정하고, 다음엔 천하의 즐거움을 기뻐한다.'는 정치적 포부가 드러나 있다.

범중엄은 당대의 재상이었던 범이빙의 후손이다. 원래 그의 조상들은 서빈주에 살았지만 훗날 강남으로 옮겨와 소주 오현에 정착하였다. 두 살 때 범중엄의 아버지가 돌아가시자 그의 어머니는 치주 장산현의 주씨 집안으로 재가했다. 이때 그는 새아버지의 성을 따라 '주설'이라는 이름을 갖게 되었다.

후에야 원래 자신의 성이 범씨였다는 것을 알고 이를 무척 괴로워하다가 마침내 어머니에게 작별을 고하고 응천부로 가서 동문의 문하에 들어가 공부를 시작했다. 밤낮을 가리지 않고 열심히 학문을 닦은 그는 피로가 극에 달하면 얼굴에 찬물을 끼얹고 난 후 다시 책을 펼쳐들었다. 먹을 것도 충분하지 않아 매일 죽으로 끼니를 때우기가 일쑤였지만, 열심히 공부한 결과 과거에 급제한 그는 광덕군의 사리참군으로 임명되고 나서야 어머니를 모셔올 수 있었다.

얼마 후, 집경군 절도추관의 자리에 오른 그는 원래의 성씨를 되찾았고, 정사에 관여하면서 훌륭한 의견을 담은 상소를 많이 올리기도 했다. 현명하고 우수한 이들을 뽑아 지방 관리로 임명하고 불필요한 관직을 없애며 귀족들의 사치를 엄격히 단속해야 한다는 것이 주된 내용이었다.

범중엄은 6경 중에서도 특기 《역경》에 뛰어났다. 그는 훌륭한 유학자들을 본받고 그들의 학설을 연구하는 데 노력을 다하며 피곤

한 줄도 모르고 글을 읽었다. 또 자신의 봉록을 털어 옷과 먹을 것을 구해 가난한 선비들에게 나누어주었다. 이 때문에 그의 자녀들은 곤궁하게 생활해야 했다. 변변한 옷이 없어 외출할 때도 돌아가며 옷을 입고 한 명씩 나가야 했지만, 그는 전혀 개의치 않았다.

범중엄은 국가 대사를 논하는 일이면 언제나 발 벗고 나서기로 유명했다. 당시 사대부 사이에 유행하던 인격 수양과 절개를 중시하는 풍조는 범중엄으로부터 시작되었다고 해도 과언이 아니었다.

천성 7년, 범중엄은 송나라 인종에게 정권을 돌려주어야 한다는 상소를 올려 유태후에게 미움을 받고 하중부의 동판으로 좌천되었다. 한순간에 중앙에서 지방으로 좌천되었지만 그는 조금도 개의치 않았다. 오히려 이전과 마찬가지로 백성을 위한 상소를 부지런히 올리며 조정의 일에 더 큰 관심을 보였다.

당시 황실에서는 태일궁과 홍복원을 짓기 위해 섬서에서 목재를 벌채하여 올라오게 했다. 이 사실을 안 범중엄은 당장 상소를 올려 이를 말리고 나섰다.

얼마 전 소응궁과 영수관에서 연이어 화재가 난 것은 하늘이 벌을 내린 것이 분명하옵니다. 그런 일이 있은 지 얼마 되지 않아 또다시 백성의 재산을 낭비하는 것은 민심과 천심을 모두 거스르는 일이옵니다. 그러니 황제 폐하께서는 당장 공사를 중단하시어 1년 동안 징발하는 목재의 수량을 줄이셔야 합니다.

또한 관리들에 대한 충고도 잊지 않았다.

폐하의 총애를 받는다고 하여 정당한 임명 절차 없이 황궁으로부터 마음대로 관직을 받아오는 이들이 많다고 합니다. 이는 실로 태평한 나라의 모습이라 할 수 없습니다.

비록 그의 의견이 수용되지는 않았지만 송나라 인종은 범중엄의 충성심을 인정하지 않을 수 없었다.

그러던 어느 해, 나라에 대규모 병충해와 수해가 일어났는데 강남로, 회남로, 동경로의 피해가 특히 심각했다. 범중엄은 즉시 재해 지역으로 관리들을 보내 상황을 파악하고 백성을 구휼할 방도를 찾아야 한다는 내용의 상소를 올렸지만 아무런 회답이 없었다. 그러자 그는 직접 황제를 알현하여 간언을 올렸다.

"폐하, 만약 궁궐 안의 사람들이 반나절이라도 밥을 먹지 못한다면 어찌 되겠사옵니까?"

그 말의 의미를 알아차린 황제는 즉시 범중엄을 강남로와 회남로로 보냈다. 재해 지역에 도착한 범중엄은 창고를 열어 백성에게 식량을 나누어주는 한편, 함부로 사당을 짓고 제를 지내는 것을 엄격하게 단속했다.

강직하여 아첨을 싫어했던 범중엄은 재상이었던 여이간과 그다지 사이가 좋지 못했다. 게다가 여러 번의 상소를 통해 조정을 비난함으로써 황제의 미움을 사 다시 한 번 좌천되어 수도를 떠나야만 했다. 하지만 그는 이 일 때문에 단 한번도 황제를 원망하지 않았다. 대신 군대를 정비하고 훈련을 시키며 새로운 전략을 짜 결국 서부 변방 지역을 안정시켰다.

가난한 집에서 태어난 범중엄은 훗날 용도각 대학사의 자리에까지 올랐지만, 손님이 오지 않으면 고기반찬은 두 가지 이상 먹지 않다. 부인과 자녀들 역시 남편과 아버지를 좇아 배를 채울 수 있을 정도의 음식만 먹었다. 하지만 다른 사람을 위해서는 아낌없이 돈을 쓴 그는 재산을 털어 고향에 '의장'(동족이 공유하는 전답을 두어 거기서 나오는 수입으로 부조하던 시설 — 옮긴이)을 짓고 오갈 데 없는 사람들을 보살폈다. 이렇듯 그는 다른 사람들을 돕는 것을 낙으로 삼았다.

또한 어떤 일이든 백성을 먼저 생각하는 덕정德政을 펼쳤다. 백성 역시 이런 그를 무척이나 존경했는데, 후에 빈주와 경주의 백성, 송에 투항한 강족들은 그의 초상화를 그려 사당에 모시고 제사를 지낼 정도였다. 그가 세상을 떠났다는 소식을 들은 백성은 하나같이 한숨과 눈물을 지었다. 강족의 수령은 마치 부모를 여읜 것처럼 3일 동안 목 놓아 울었다고 한다.

> **❝ 논어의 지혜**
>
> 군자나 선비의 임무는 개인의 수양뿐 아니라 사회와 나라를 위해 재능을 발휘하고 '도'에 따라 치국의 방법을 제안하는 것이다. 물론 도를 닦고 이를 지켜나가는 길은 험난할 것이다. 이상과 현실은 거리가 멀어 심지어 충돌이 일어나기도 한다. 공자는 바로 이런 이상과 현실의 충돌을 바탕으로 '모도불모식', '우도불우빈'을 주장했다. 공자의 말은 '도'를 믿고 따르는 군자와 선비들에게 현실과 싸워나갈 힘을 불어넣어주며, 좌절과 고난 속에서도 지식인들이 이상을 지켜나갈 수 있도록 해준다. **❞**

07

배운 후에는
실천이 따라야 한다

공자가 말했다. "책 속에 있는 배움은 다른 사람과 크게 다르지 않으나, 하지만 나는 그것을 실천하는 군자를 따라갈 수 없다."

子曰"文, 莫吾猶人也. 躬行君子, 則吾未之有得."
자 왈 문 막 오 유 인 야 궁 행 군 자 즉 오 미 지 유 득 **(제7편 술이述而)**

한유의 두 얼굴

예부터 지식인은 학문을 익히는 것 못지않게 도덕적 수양을 중시했다. 하지만 아무리 훌륭한 학자도 두 가지 모두를 완수하는 것은 쉽지 않다. 그 때문에 입으로만 도를 외치는 속빈 학자들이 많은 것이다.

한유가 관직에 오르기까지의 과정은 순탄치 않았다. 그는 20대에 과거에서 세 번이나 낙방하고 서른이 다 되어서야 겨우 진사에 급제했다. 하지만 진사에 합격했다고 해서 바로 관직을 받는 것은 아니었다. 일정한 시험을 거쳐 합격한 사람만이 관직에 오를 수 있었는데 한유는 이 시험에서도 세 번이나 떨어졌다.

할 수 없이 그는 다른 문인들처럼 권세가들에게 서신을 보내 자신을 알리기로 했다. 두 달 동안 세 사람의 재상에게 서신을 보냈지만 그를 알아봐주는 사람은 아무도 없었다. 얼마 후 한유는 두 명의 절도사 밑으로 들어갔지만 그들이 죽자 또다시 의지할 곳을 잃고 말았다.

이렇게 도읍으로 돌아온 그의 눈에 띈 사람은 바로 경조윤 이실이었다. 한유는 늘 그랬듯이 이실을 찬양하는 글을 써 보냈다.

제가 도읍으로 온 지도 벌써 15년째, 그동안 수많은 조정의 대신들을 보아왔습니다만, 그들은 하나같이 공이 있기를 바라지 않고 허물이 없기만을 바라는 필부에 지나지 않았습니다. 하지만 경은 지극한 충심으로 황제를 보필하시고 마치 집안을 돌보듯 나랏일을 먼저 걱정하십니다.

올해 큰 가뭄이 들어 100여 일 동안이나 비가 내리지 않았기에 씨조차 뿌리지 못했고, 들판에는 풀 한 포기 자라지 않았습니다. 하지만 그 어느 곳에서도 도둑떼가 출몰한다는 소리가 들리지 않고 곡식 가격도 오르지 않았으니 이 모두 공의 덕입니다. 공의 관심 덕분에 나쁜 짓을 일삼던 간신배들 역시 소리 없이 자취를 감추었습니다. 공이 없었더라면 어찌 이런 기쁜 일이 있을 수 있겠습니까?

저는 어려서부터 현인들의 책을 읽고 그들의 가르침을 배우고자 했습니다. 이렇게 수백 년 전의 인물들도 존경해 마지않는 제가 어찌 공을 따르지 않을 수 있겠습니까?

서신 때문이었는지 한유는 마침내 감찰어사로 임명되어 높은 관직에 오를 수 있었다.

그렇다면 이실은 정말 한유가 말한 것과 같은 인물이었을까? 안

타깝게도 전혀 그렇지 않았다. 이실은 간신 중의 간신이었다. 다음은 역사책에 기록된 그에 관한 기록이다.

경조윤 이실은 권세만 믿고 오만방자하며 법을 하찮게 여기며 늘 안하무인이었다. 20년간 계속된 가뭄에도 백성에 대한 수탈을 멈추지 않았으며 백성의 고충은 안중에도 없었다.

덕종이 민간의 실상을 물으면 '날이 가물기는 했으나 씨를 뿌리고 수확하는 데는 아무런 문제가 없습니다.'라고 거짓 보고를 올렸는데 이 때문에 세금을 면제받지 못한 백성은 더욱 곤궁해졌고 가세가 기울었으며 보리씨를 팔아 세금을 내야 했다.

도읍에 사는 사람치고 이실의 사람됨을 모르는 자는 하나도 없었다. 그렇다면 한유는 사람을 잘못 본 것일까? 물론 아니다.

감찰어사의 자리에 오른 한유는 즉시 덕종에게 관중 지방의 가뭄과 민간의 상황과 관련해 상소를 올렸다. 그것은 이실의 만행을 알리는 것이나 다름없었다. 이실에게 아첨의 말이 가득 담긴 글을 쓴 지 채 6개월도 지나지 않아 그를 고발하는 내용의 상소를 올린 것이다.

한유는 이실의 사람됨을 누구보다 잘 알고 있었지만 관직에 오르기 위해 일단 그것을 무시한 것이다. 그 때문에 관직에 오른 후 가장 먼저 자신의 잘못을 만회하고자 애썼다.

논어의 지혜

공자의 겸손한 말은 우리에게 많은 것을 생각하게 한다. 사람을 판단할 때에는 그의 학식이나 말, 행동만 볼 것이 아니라 그가 과연 주장하는 바대로 행동하고 실천하는가를 살펴야 한다. 실천하지 않고 그럴싸한 이론만 늘어놓는 사람은 아무런 쓸모가 없다. 행동이 없다면 그저 그런 책벌레에 지나지 않을 뿐이다.

08

어짊으로
사람을 모아라

안회가 '인'에 대해 물었다. 공자가 말했다. "자신을 이기고 예에 따라 말하고 행동하는 것, 그것이 바로 '인'이다. 자신을 절제하고 예를 갖추어 말하고 행동하면 천하의 사람들이 모두 너를 어질다고 할 것이다."

顏淵問仁. 子曰 "克己復禮爲仁. 一日克己復禮, 天下歸仁焉."
안 연 문 인　자 왈　극 기 복 례 위 인　일 일 극 기 복 례　천 하 귀 인 언

(제12편 안연顏淵)

적군의 마음을 사로잡은 유수

자신을 이기고 예를 갖추어 말하고 행동하는 것은 삶의 지혜이자 책략이기도 하다. 사는 동안 흔들림 없이 굳건하게 서기를 바라거나 자기만의 세상을 갖기를 원한다면 반드시 이를 실천해야 한다.

서한 말년, 천하는 그야말로 혼란스럽기 그지없었다. 그때 의군의 장령 중 하나인 유수는 치열한 전투 끝에 혼란을 평정했다. 어느 날, 지도를 펼쳐놓고 그동안 난을 평정하며 세운 공적을 평가하던 유수는 갑자기 막막한 표정을 지으며 무겁게 입을 열었다.

"천하가 이토록 넓은데 나는 이제 작은 군 하나를 평정했을 뿐이구나. 도대체 언제 천하를 안정시킬 수 있단 말인가!"

그러자 옆에 있던 등우가 대답했다.

"물론 지금은 천하의 군웅들이 하나같이 들고일어나 앞날을 예측할 수 없습니다. 하지만 백성은 모두 명군이 나타나기를 바라고 있습니다. 자고로 나라의 흥망은 토지의 적고 많음이 아니라 인덕仁德의 두터움과 얇음에 달려 있는 법입니다. 그러니 벌써부터 포기하시면 안 됩니다. 온 마음을 다해 덕을 베푸시면 천하는 결국 하나가 될 것입니다."

그로부터 보름 후, 유수는 '동마'라 불리는 농민군과 싸워 승리를 거두었다. 하지만 그는 항복한 적장들을 처벌하지 않고 원래의 직위를 부여하여 전쟁에 참여할 수 있도록 해주었다. 물론 이런 유수의 행동을 바라보는 반란군들은 여전히 의심의 눈길을 풀지 않았다.

그들의 속내를 알아차린 유수는 투항한 적군을 재편성하지 않고 원형을 그대로 유지한 채 전투에 투입했다. 또 반군의 장수들 역시 원래의 지휘권을 회복시켜주고 자신들의 부하를 통솔할 수 있도록 했으며 본부에서도 이들을 간섭하지 않았다. 그러고는 이들의 반응을 살펴보기 위해 혼자서 말을 타고 각 진영을 돌아다니며 순찰하기도 했다. 만약 누군가가 나쁜 마음을 먹고 유수를 공격한다면 손쉽게 그의 목숨을 앗아갈 수도 있는 상황이었다. 반군의 장수들은 이런 유수를 보고 이구동성으로 말했다.

"소왕(당시 유수의 봉호)은 우리를 의심하지 않고 진심으로 대했다. 진실로 넓은 마음을 가진 어진 사람이로다! 의심의 눈초리로 그를 바라본 것이 부끄럽구나! 이런 군주의 은혜에 보답하기 위해서라면 날카로운 칼 위를 걷고 불바다를 헤쳐나가야 한들 두려울쏘냐."

이때부터 반군의 장수들은 유수의 충직한 부하가 되어 수많은 공을 쌓고, 유수는 이들과 함께 혼란을 평정하고 마침내 동한 왕조를 세웠다.

유수는 완벽한 지도자적 기질을 가지고 있었다. 자신을 극복하고 예로써 적을 대한 덕분에 민심을 얻고 결국은 자신의 꿈을 이룰 수 있었던 것이다.

논어의 지혜

사회에 굳건히 발을 디디기 위해서는 예나 지금이나 말과 행동으로 타인의 믿음을 얻어야 한다. 모든 사람들은 각기 사사로운 욕심이나 본능적인 욕구를 갖고 있다. 그리고 말이나 행동에서 욕심과 본능이 드러나게 마련이다. 그러므로 결코 '예禮'에서 벗어나서는 안 된다는 것을 기억하자.

09

겉모습보다 내면이
더 중요하다

극자성이 말했다. "군자는 본성이 좋으면 그만이다. 화려함으로 장식할 필요가 어디 있겠느냐?"

棘子成曰 "君子質而已矣, 何以文爲?"
극 자 성 왈   군 자 질 이 이 의   하 이 문 위

(제12편 안연顔淵)

뛰어난 안목으로 사위를 고른 위선

"외모를 보고 사람을 판단하여 자우를 잘못 보았다."

이 말은 공자가 자신이 범한 실수를 후회하며 한 말이다.

자우는 공자 문하에 있던 제자로 공자보다 나이가 훨씬 많고 용모가 추했다. 공자는 그의 겉모습을 보고 큰 인물이 되지 못할 것이라 판단해서 관심을 기울이지 않았다. 그러나 자우는 공자 밑에서 3년간 공부한 후 노나라의 대부가 되었다가 훗날 초나라에 정착했다. 그제야 공자는 자신의 잘못을 깨달은 것이다.

사람이나 사물을 대할 때는 겉모습만 봐서는 안 된다. 겉모습은 그 사람이나 사건의 외형적인 상태만 반영한 것이다. 화려한 나비도 번데기에서 탄생했다는 사실을 잊어서는 안 된다. 겉모습만 볼 것이 아니라 더 큰 안목으로 사물과 사람의 본질을 분석하고 판단해야 한다. 그러한 능력을 갖추어야만 자신의 이익에 정확하게 부합하는 결정을 내릴 수 있다.

사마의는 모든 사람들에게 무시만 당하는 등애를 받아들였다. 어렸을 때 부모를 여의고 소를 치며 생계를 꾸려나갔던 등애는 말까지 더듬었다. 사람을 대할 때 얼굴까지 빨개지며 더듬더듬 말하는 그가 관직에 오르리라 생각한 사람은 아무도 없었다. 하지만 어렸을 때부터 병서를 즐겨 읽은 등애는 높은 산이나 깊은 강, 험한 지세를 볼 때면 항상 더듬거리면서도 자신의 의견을 내놓았다.

"여, 여기에 병, 병마를 주둔시키면, 적, 적은 이곳을 뚫, 뚫, 뚫고 들어오지 못, 못합니다."

사람들은 그런 그를 보고 헛꿈을 꾼다며 비웃었다. 하지만 그의 재능을 알아본 사마의 덕분에 등애는 상서랑 자리에까지 오를 수 있었다. 훗날 군사들을 이끌고 촉나라를 멸망시킨 그는 '삼분천하三 分天下'(위 · 촉 · 오의 삼국정립)의 정세를 완전히 깨뜨린 장본인이기도 하다.

이제 위선의 이야기를 들어보자.

당나라 현종 때, 배관은 윤주의 지방관리 수하에서 잡무를 보고 있었다. 당시 윤주자사 위선은 딸의 신랑감을 찾고 있었는데 도무지 적당한 사람이 나타나지 않았다.

어느 날, 집에서 쉬고 있던 그는 저 멀리에서 한 사내가 땅에 무언가를 묻고 있는 모습을 발견했다. 그는 재빨리 하인을 시켜 그가 누구인지 알아보게 했다.

얼마 뒤 하인이 돌아와 보고했다.

"배관이라는 자라고 합니다. 그는 뇌물 받는 것을 가문의 수치라 여기며 극도로 싫어한다고 합니다. 그런데 누군가가 말린 사슴고 기를 가져와 던져주고는 그대로 가버렸다고 합니다. 돌려줄 방법은 없고 그렇다고 자신을 속일 수도 없기에 그것을 땅에 묻고 있었던 것입니다."

배관의 인품에 반한 위선은 그에게 딸을 주기로 결심했다.

마침내 혼례가 있던 날 위선은 딸에게 휘장 뒤에 숨어 배관을 훔쳐 보도록 했다. 배관은 키가 크고 비쩍 마른 몸에 푸른색 옷을 입고 있 어서 사람들은 그를 벽학碧鶴이라고 놀리기도 했다. 위선의 딸 역시 이런 배관의 외모가 마음에 들 리 없었다. 그러자 위선이 말했다.

"부모는 누구보다 자식을 아끼고 사랑하는 법. 딸을 현명하고 어 진 이에게 시집보내고자 하는 것은 당연한 이치다. 그런데 어찌 너 는 외모만으로 사람을 평가하려 하느냐?"

그의 말은 틀리지 않았다. 배관은 장인의 기대를 저버리지 않고 훗날 예부상서가 되어 사방에 명성을 떨쳤다.

66 논어의 지혜 ─────

사람을 정확하게 판단하려면 반드시 그의 인격과 내면의 학식을 먼저 봐야 한다. 외모나 옷차림, 말투는 모두 부차적인 요소에 불과하다. 인 재를 뽑거나 친구를 사귈 때도 반드시 전자를 기준으로 삼아야 한다. 물론 겉과 속이 모두 알차다면 더할 나위 없이 좋겠지만 겉 때문에 속까 지·버리는 어리석음은 범하지 말아야 한다. 세상에는 겉만 번드르르할 뿐 속은 빈, 쓸모없는 것들이 많다.

99

제5장

배움을 위한
논어의 지혜

공자는 교육자이며 사상가이지만, 일생을 배움과 함께했다. 그 때
문에 점점 더 복잡해지고 더 많은 교육을 받고 더 오래 사는 오늘
날, 그의 교육적 주장과 배움의 자세는 더욱 빛을 발한다. 공자가
성현으로 추앙받는 것은 그의 가르침이 시대를 넘어서는 가치 때
문일 것이다.

01

모르는 것은
물어라

공자가 주공의 사당인 태묘에 들어가 모든 일을 일일이 사람들에게 물었다. 그러자 누군가가 말했다. "누가 숙량흘(공자의 아버지— 옮긴이)의 아들이 예를 안다고 했소? 태묘에서 매사를 묻고 있질 않소." 이 말을 들은 공자가 말했다. "(매번 묻고 행하는 것) 그것이 바로 예이니라."

子入太廟, 每事問. 或曰 "孰謂鄹人之子知禮乎?
자 입 태 묘 매 사 문 혹 왈 숙 위 추 인 지 자 지 례 호

入太廟, 每事問." 子聞之, 曰 "是禮也."
입 태 묘 매 사 문 자 문 지 왈 시 례 야   (제3편 팔일八佾)

모르는 것은 모른다고 말하라

겸허한 마음으로 배움을 구하는 것, 모르는 것은 곧바로 질문하는 것. 이는 수양의 높은 경지를 의미할 뿐 아니라 자신에게도 득이 되는 좋은 습관이다.

북조시대 공번 문하에는 이밀이라는 훌륭한 제자가 있었다. 그는 공번 문하에 들어온 지 몇 년 만에 스승을 뛰어넘는 학식을 갖추었다. 그러자 공번은 스승의 체면 따위는 훌훌 벗어던지고 겸허한 마음으로 이밀에게 가르침을 청했다. 하지만 감히 스승을 가르칠 수 없었던 이밀은 언제나 우물쭈물하며 공번의 질문을 대충 넘겨버리

기 일쑤였다.

제자의 속마음을 알아차린 공번이 진실한 어조로 말했다.

"어떤 분야에서든 나보다 뛰어난 사람은 내 스승이 될 수 있다. 그게 너라고 예외이겠느냐?"

이 이야기에 깊은 감동을 받은 그의 제자들은 짧은 시를 지어 공번을 찬양했다.

靑成藍   푸른 염료는 쪽에서 나왔지만
청 성 람

藍謝靑   쪽빛보다 더 푸르다
남 사 청

어렸을 때부터 총명했던 당나라 시인 정곡은 일곱 살 때부터 시를 짓기 시작했다. 그에게는 자신보다 나이가 많은 제기라는 시우 詩友가 있어, 두 사람은 시를 지어 함께 읊곤 했다.

어느 날, 제기가 〈조매早梅〉라는 제목의 시를 지었다.

萬木凍欲折   나무들 모두 얼어 꺾으려 해도
만 목 동 욕 절

孤根暖獨回   외로운 뿌리 따뜻함을 홀로 품어
고 근 난 독 회

前村深雪裏   앞마을에 눈 깊이 쌓이더니
전 촌 심 설 리

昨夜數枝開   간밤에 매화 몇 가지가 피었네
작 야 수 지 개

風遞幽香出　바람은 그윽한 향기를 품고
풍 체 유 향 출

禽窺素艶來　새들은 흰 딸기 꽃을 엿보러 왔네
금 규 소 염 래

明年如應律　내년 이맘때가 돌아오면
명 년 여 응 률

先發望春臺　먼저 피어 춘대를 환히 비추렴
선 발 망 춘 대

　시를 완성하고 거듭 읽어본 제기는 흡족해하며 이를 정곡에게 보여주었다. 그러자 정곡은 한 글자를 고쳐야 한다고 말했다. 제기가 그것이 무엇이냐고 묻자 정곡이 웃으며 대답했다.

　"수지개數枝開를 일지개一枝開로, 즉 '매화 몇 가지'를 '매화 한 가지'로 고쳐야 이르게 핀 매화의 정취가 더 살아나지 않겠나?"

　그의 말을 들은 제기는 거듭 절을 하며 감사를 표했다. 여기서 바로 '일자사一字師'(한 글자를 바로잡아 고쳐준 스승)라는 말이 나오게 된 것이다.

　청나라 말기부터 현대까지 활동한 화가 치바이스 역시 누구보다 배우기를 좋아하는 사람이었다. 그가 70세 되던 해, 제자 시에스니가 〈매계梅鷄〉라는 제목의 그림을 그렸다. 매화 아래 있는 수탉의 모습을 사실적으로 표현한 그림이었는데, 특히 수탉의 꼬리가 너무나도 신비로웠다.

　그 그림을 무척 마음에 든 치바이스가 웃으면서 말했다.

　"이 작품은 정말 기품이 있다네. 집으로 가서 그림을 모사할 테니 잠시만 빌려주게나."

일주일 후, 수업에 들어온 치바이스가 시에스니에게 말했다.

"내가 베낀 그림이 어떤가?"

스승의 그림을 본 시에스니는 감동과 흥분으로 말을 이을 수 없었다. 베낀 그림 위에는 이런 글이 적혀 있었던 것이다.

제자의 그림이 너무 뛰어나서 영원히 간직하고 싶다. 그래서 내가 베낀 그림과 바꾸고 싶지만 제자가 응해줄지 알 수 없다.

시에스니는 스승의 그림을 평생 동안 소중하게 간직했다.

❝ 논어의 지혜

'그것이 바로 예'라고 말했을 당시 공자는 노나라의 형조판서인 사구를 맡고 있었으며 이미 천명을 아는 나이였다. 해박한 지식과 훌륭한 사람 됨으로 벌써 이름을 날리고 있었던 그가 정말 태묘의 예법을 몰랐을까? 그렇지 않다. 공자가 매사에 질문한 것은 겸손과 신중함, 그리고 겸허하게 배움을 구하는 정신의 표현이었던 것이다.

'바다가 깊은 것은 모든 강물을 받아들이기 때문'이라는 말이 있다. 지식과 배움에는 끝이 없다. 모르는 것을 묻는 것은 사람됨의 도일 뿐 아니라 배움을 구하는 첩경이기도 하다. 과거의 수많은 현인들조차 모르는 것은 물어 자신의 수양과 학식에 밑거름이 되도록 했음을 명심하자.

❞

02

생각하며 공부하라

공자가 말했다. "배우기만 하고 생각하지 않으면 얻는 게 없다. 생각만 하고 배우지 않으면 위태롭게 된다."

子曰 "學而不思則罔, 思而不學則殆."
자 왈   학 이 불 사 즉 망   사 이 불 학 즉 태   (제2편 위정爲政)

제자들을 일깨운 공자

공자는 배움과 생각을 함께 하라고 주장하는 데 그치지 않고 일상생활에서도 실천했다. 또한 이를 통해 제자들의 배움이 더 큰 효과를 낼 수 있도록 했다. 어느 날 자공이 공자에게 물었다.

"스승님, 가난하되 아첨하지 않으며, 많은 재물을 가졌으되 교만하지 않다면 어떻습니까?"

이 장면을 영화로 만든다면 자공을 연기한 배우는 분명 자신만만한 태도로 "어떻습니까?"라는 대사를 던졌으리라. 자신의 학문과 수양 정도에 자부심을 느낀 자공은 내심 스승의 칭찬을 기대했을 것이다. 하지만 공자는 "좋다."고 답하고는 이렇게 덧붙였다.

"하지만 가난하면서도 도를 즐기고 부유해도 예를 좋아하는 것만 못하느니라."

공자의 이야기를 들은 자공은 스승의 가르침에 탄복하며 더욱 심오한 이치를 깨달은 듯 물었다.

"《시경》에 '여절여차如切如磋, 여탁여마如琢如磨'란 구절이 있습니다. 혹 그 뜻과도 상통하는 것 아닙니까?"

자공이 말한 것은 옥을 만드는 과정을 가리킨다. 옥을 가공할 때에는 먼저 섞여 있는 돌을 잘라내는데, 이것을 부刜 혹은 절切이라 한다. 돌 속에서 옥을 찾으면 줄칼로 가르는데 이는 차磋라고 한다. 그런 다음 옥을 쪼아 반지나 팔찌와 같은 모양을 만드는 것이 탁琢이다. 끝으로 옥의 빛깔을 더 아름답게 하기 위해 갈아 빛내는 것을 마磨라고 한다. 자공은 옥을 가공하는 과정인 절·차·탁·마를 배움에 비유했던 것이다.

사람은 세상에 태어나면 교육을 받아야 하며, 살면서 배운 바를 경험으로 체득해야 한다. 배움에서 발전을 얻으려면 더 세심한 곳까지 공부해야 하며 그럴수록 배움은 더 어려워지게 마련이다. 즉, 자공의 말은 이런 뜻이다. "학문과 수양은 마치 옥을 자르고 갈며, 쪼고 가는 과정과 같다는 것을 이제야 알겠습니다."

그의 말을 들은 공자는 기뻐하며 자공을 칭찬했다.

"사(자공의 이름)야, 이제 너와 함께 《시경》을 말할 수 있겠구나. 너는 지나간 것을 알려주면 다음에 올 것을 아는구나!"

> **❝ 논어의 지혜**
>
> '배움'은 외면을 가리키며 사물을 알아가는 것을 뜻한다. 반면 '생각'은 내면을 말하며 이치를 깨닫는 것을 의미한다. 밖으로는 배움을 추구하고 안으로는 성찰하는 것, 인생의 길을 걸을 때도 이 두 가지가 반드시 균형을 이루도록 노력해야 한다. **❞**

03

배움에 싫증내지 말고
묵묵히 세상의 도리를 배우라

공자가 말했다. "배운 바를 묵묵히 새기고 배움에 싫증내지 않고, 남을 가르치는 일을 게을리하지 않는 것, 이들 중에 진정 내가 행하고 있는 것은 무엇인가?"

子曰 "默而識之, 學而不厭, 誨人不倦, 何有於我哉?"
자왈 묵이식지 학이불염 회인불권 하유어아재

(제7편 술이述而)

제갈량의 배움의 태도

역사적으로 대범한 지혜와 출중한 재능을 가진 사람들은 배움을 구하는 과정에서 '묵이식지默而識之, 학이불염學而不厭(묵묵히 배우고, 배움에 싫증내지 않는다)을 훌륭하게 실천했다. 삼국시대의 제갈량, 중국인들의 마음속에 지혜의 화신으로 자리잡은 그 역시 예외는 아니었다.

융중에 초가집을 지은 제갈량은 10년 동안 천문과 역사, 지리, 군사, 제자백가 등에 관한 수많은 책을 읽으며 공부를 게을리하지 않았다. 하지만 적지 않은 책을 읽었음에도 그는 여전히 이해할 수 없는 도리와 이치 때문에 괴로워했다.

어느 날, 상양의 명사 사마휘가 제갈량을 찾아왔다. 그를 만난 자리에서 제갈량은 마음속의 고민을 털어놓았다. 제갈량의 고민을 들은 사마휘가 웃으며 말했다.

"군주를 보필할 만한 재능을 가졌어도 스승의 가르침은 필요한 법. 방통은 항상 자네를 다듬지 않은 옥과 금에 비유했었네. 이제 그 옥과 금을 갈고 닦아줄 스승을 구할 때가 온 것 같군그래."

사마휘는 곧 젊은 제갈량을 해남 영산에 은거하고 있던 명사, 풍구라는 인물에게 소개시켰다.

그러나 풍구는 제갈량을 가르칠 생각이 아예 없는 듯했다. 그저 하루 종일 제갈량에게 물을 긷고 마당을 쓰는 등의 잡다한 일과 심부름만 시키는 게 전부였다. 하지만 제갈량은 불평 한마디 하지 않고 스승의 말을 따르며 혹 심부름을 시키지 않는 시간에는 열심히 책을 읽고 자신을 단련했다. 풍구는 묵묵하고 성실한 제갈량의 모습에 큰 감동을 받았다.

1년이 지난 어느 날, 풍구는 제갈량에게 《삼재비》, 《병법진도》, 《고허상왕》을 주며 말했다.

"이제 더 이상 일을 할 필요없다. 먼저 이 3권의 책을 열심히 읽고 난 후에 나와 책에 대해 논하자구나."

제갈량은 뛸 듯이 기뻐하며 책을 안고 자신의 방으로 들어갔다. 그때부터 그는 목이 마르면 찬물을 마시고 배가 고프면 식은 밥을 먹으며 밤낮으로 책 읽기에만 전념했다. 그는 늘 침묵을 지킨 채 책을 읽고 생각에 잠겼으며 여러 번 반복해서 책의 내용을 음미했다.

100일이 지난 후, 제갈량은 책 속의 이치를 모두 깨우쳤을 뿐 아니라 자유롭게 자신의 견해를 이야기할 수 있는 경지에까지 올랐다.

풍구는 그의 모습에 만족감을 감추지 못하며 말했다.

"이제 하산을 해도 될 것 같구나."

얼마 후 융중으로 돌아온 제갈량은 방통을 비롯한 벗들을 모아 자신이 배우고 깨우친 바를 함께 이야기했다. 이때부터 사람들은 제갈량을 '와룡'(누워 있는 용. 초야에 묻혀 있는 큰 인물을 비유한 말-옮긴이)이라고 부르기 시작했다.

논어의 지혜

공자는 학문을 닦는 데 있어 '묵이식지默而識之, 학이불염學而不厭, 회인불권誨人不倦'의 태도를 견지하라고 강조했다. 특히 두 번째와 세 번째 항목은 학습과 교육의 태도와 정신을 이야기하는 것이다. '묵이숙지默而識之'는 배움과 생각의 결합을 제안한다. 묵묵히 배우는 것이 바로 '사思'의 구체적인 방법이라는 말이다. 다시 말해 보고 들은 것, 책에서 배운 것을 스스로 생각하지 않고 그냥 받아들여서는 안 된다는 것이다. 공자가 강조한 이 세 가지를 이해하는 것은 별로 어렵지 않다. 하지만 가장 위대한 진리는 모두 이처럼 기본적이고 평범한 이치에서부터 출발한다는 사실을 잊지 말자.

04

많이 듣고 배워
가장 좋은 것을 취하라

공자가 말했다. "나는 잘 알지도 못하면서 함부로 지어내는 일이 없다. 나는 많이 듣고 그 중에서 가장 좋은 것을 가려 따르며, 많이 보고 마음속에 담아둔다. 이것이 앎에 있어 버금에 해당한다."

子曰 "蓋有不知而作之者, 我無是也. 多聞, 擇其善者而從之,
자 왈 개 유 부 지 이 작 지 자   아 무 시 야   다 문   택 기 선 자 이 종 지

多見而識之, 知之次也."
다 견 이 식 지   지 지 차 야

(제7편 술이述而)

이시진이 다시 쓴 본초

의학자 이시진이 《본초강목》이라는 걸작을 완성할 수 있었던 것은 수많은 약초를 직접 먹어보고 잘못된 처방을 몸소 바로잡았기 때문이다. 배움에 있어 그의 이러한 방법은 모두 '많은 것을 보고 그 중에서 가장 좋은 것을 가려 따르는 태도'에서 출발했다.

이시진은 호북 기주에서 태어났다. 대대로 의사 집안이었기에 그 역시 선조의 가업을 이어받아 어렸을 적부터 아버지를 따라 의술을 배웠다.

어느 날, 이시진이 외출했다 돌아오자 방씨 성을 가진 어부가 다급하게 그를 만나기를 청했다. 방씨의 아내가 병이 나서 의사를 찾아가 약을 지었는데 이상하게 처방한 약을 먹고 나니 더 위중해졌

다는 것이다. 방씨는 혼절해 쓰러진 아내를 보며 하염없이 눈물을 흘렸다.

과연 무엇이 잘못되었던 걸까? 이시진은 의사가 적어줬다는 처방전을 찬찬히 살펴본 후 다시 병자의 맥을 짚어보았다. 처방전에는 별다른 문제가 없어 보였다. 그러다 무언가 짚이는 게 있어 방씨의 아내에게 먹였다는 약찌꺼기를 가져와 살펴보았다. 그랬다! 처방전에는 있지도 않던 호장虎掌이라는 약초가 찌꺼기 속에 섞여 있었다. 게다가 정작 처방전에 적혀 있는 누남자漏藍子는 빠져 있었다. 약을 짓는 사람이 누남자 대신 호장을 넣었던 것이다. 호장에는 독성이 있어 이시진은 즉시 해독약을 만든 후 방씨의 아내에게 복용시켜 병자가 생명의 위험에서 벗어나도록 했다.

그날 저녁 이시진은 낮에 있었던 일 때문에 마음이 무거웠다. 사실 이번 소동의 원인은 약방의 잘못이 아니었다. 더 큰 문제는 오래된 약학서에 있었다. 바로《일화본초》라는 책에서 누남자를 호장이라고 기록한 탓이었다.

'본초'란 약재와 약학에 대해 기록해 놓은 책을 일컫는다. 중국 최초의 본초는《신농본초경》인데, 이시진은 고대 약학의 성과에 탄복하면서도 적지 않은 문제점들을 이미 발견한 터였다. 그런데 마침 그날 있었던 '누남자 사건'으로 그는 본초로 인한 여러 문제들을 다시금 떠올리지 않을 수 없었다.

본초에는 파두가 설사를 유발한다고 기록되어 있었다. 하지만 설사병 환자에게 우연히 이를 처방했더니 오히려 그 증세가 멈추기도 했다. 또한 본초에 적힌 대로 초오두 대신 천오두를 복용한 한 선비는 목숨을 잃고 말았다.

이시진은 이러한 문제점들을 떠올리며 결심했다.

'옛 본초는 이미 수백 년 동안이나 고쳐진 적이 없으니 마땅히 새로운 것을 다시 써야 한다. 내가 알고 있는 것을 보태고 옛사람들의 잘못을 바로잡자.'

본초를 다시 쓰는 일은 결코 쉽지 않았다. 기존의 본초는 나라에서 여러 의사들의 힘을 모아 제작했던 만큼 한 개인의 힘만으로 완성하기에는 너무나 힘든 작업이었다. 하지만 이시진은 미약하나마 자신의 모든 힘을 다해 그 대단한 과업에 도전하기로 마음먹었다.

그는 우선 의술을 행하고 공부하는 과정에서 본초와 관련된 약재나 옛 서적과 여러 문헌들을 유심히 살펴보았다. 《황제소문》, 《화타방》, 《장중경상한론》, 《신농본초경》, 《증류본초》 등의 약학서를 세심하게 읽는 한편, 자신의 생각을 기록했다. 그런 다음 옛 본초를 바로잡기 위해 책 속의 지식과 자신의 경험을 결합하기로 했다.

이때부터 그는 짚신을 신고 광주리와 호미를 가지고 직접 약초를 캐러 다녔다. 연구가 필요한 약재가 있으면 공책에 기록해두었다가 현지에서 생산되는 것을 먼저 구하고, 쉽게 구할 수 없는 것은 멀리 찾아나서기도 했다. 또 자신이 잘 모르는 약초가 있으면 그것이 나는 지역의 주민들에게 도움을 청했다. 이렇게 기주 주변 수백 리에 걸친 들판과 산속, 어디든 그의 발길이 닿지 않은 곳이 없었다.

농사짓는 이, 물고기를 잡는 이, 나무를 베고 산 짐승을 사냥하는 이들 모두 친절하게 그를 받아주었으며, 각종 약재에 대해 자신들이 아는 모든 지식을 전해주었다. 이시진 역시 겸허하게 그들에게 가르침을 구했다.

이렇게 10년의 세월이 흘렀지만 그제껏 직접 확인하지 못한 약초가 수두룩했다. 그래서 이시진은 47세 때 더 먼 여행을 떠나기로 결심하고는 제자 방헌과 함께 호북 북쪽의 무당산과 강서의 여산, 그리고 강소와 안휘 등지를 떠돌아다녔다.

쉬지 않고 걸으며 수많은 것을 보고 듣는 사이 비어 있던 약재 목록은 빠르게 채워졌다. 특히 현지인들을 통해 배운 갖가지 민간요법은 나름 큰 몫을 차지했다. 예를 들면 전두초를 태워 연기를 쐬면 부스럼을 고칠 수 있고, 연지채를 찧어 즙을 바르면 벌레 물린 상처와 가려움증을 완화시킬 수 있었다. 또 마늘즙은 상충 효과와 결핵을 예방하는 데 탁월한 효과가 있었으며, 익모초는 부인과 질병을 치료하는 데, 양의 간과 호두는 야맹증 환자에게 유익했다.

수백 년 동안이나 전해 내려오는 민간요법은 약학에 있어 귀중한 유산이었다. 그 가치를 몸소 체득한 이시진은 무엇보다 소중하게 민간요법을 기록했다.

하늘은 스스로 돕는 자를 돕는 법이다. 이시진은 불굴의 의지로 광물과 식물, 동물 그리고 수많은 민간요법을 담은 공책들로 자신의 보따리를 가득 채웠다. 3년 후, 집으로 돌아온 그는 가족들을 모두 동원해 새로운 본초 집필에 들어갔다. 방헌 외에도 그의 세 아들과 네 명의 손자가 모두 그를 도와 글을 쓰고 그림을 그렸다.

1578년, 이시진이 60세가 되던 해 드디어 시대의 역작 《본초강목》이 탄생했다. 이 책에는 모두 1,892종의 약재가 기록되어 있으며 1,160개의 삽화를 비롯해 1만 1,016개의 처방이 들어 있다. 총

52권 100만 자로 구성된 이 책은 책상 위에 수척 높이로 쌓일 만큼 방대한 분량에 이른다.

하나의 지식이나 단 하나의 도리도 외부세계의 사물과 아주 복잡하게 얽혀 있다. 겉으로는 같아 보여도 실제로는 그렇지 않거나, 현상과 본질이 딱 맞는 것 같아도 사실은 이리저리 얽혀 있는 경우가 많다. 때문에 하나의 지식을 내 것으로 만들거나 하나의 이치를 깨닫기 위해서는 많은 것을 보고 들어야 한다. 종합적인 사고 없이는 그것을 정확하게 파악하거나 선택할 수 없다.

사람은 자신만의 지식과 생각, 감정에 의해 영향을 받게 마련이다. 때문에 어떠한 문제를 이해하거나 지식을 얻는 데 있어 제대로 알아보지도 않고 쉽게 결론을 내리면 자신 안에 갇힐 수 있다. 지식을 추구함에 있어 '많은 것을 듣고 보는 것'이 중요한 이유가 바로 여기에 있다.

05

편안함을 추구하지 말고
부단히 공부하라

공자가 말했다. "군자는 밥을 먹을 때 배부름을 구하지 않고, 거처에 있어서 편안함을 바라지 않는다. 일처리는 기민하고 말은 신중하게 하며 도덕을 갖춘 이에게 배움을 구하여 자신의 결점을 바로잡는다. 이러한 사람이야말로 배우기를 좋아한다고 말할 만하다."

子曰 "君子食無求飽, 居無求安, 敏於事而愼於言, 就有道而正焉,
자 왈　군 자 식 무 구 포　거 무 구 안　민 어 사 이 신 어 언　취 유 도 이 정 언

可謂好學也已."
가 위 호 학 야 이

(제1편 학이學而)

늘 자신을 단속한 조광윤

의衣, 식食, 주住는 어찌 보면 지극히 사소한 것들이다. 그러나 이런 물질의 향유를 지나치게 추구하다 보면 스스로 그 덫에 빠져 쉽게 헤어날 수 없게 된다. 따라서 처음부터 물질적인 편안함을 경계하고 이를 대신할 수 있는 원대한 목표를 세워야 한다. 예부터 지금까지 훌륭한 일을 해낸 인물들은 모두 다르지 않았다.

북송 건륭 원년(960년) 정월, 조보 등과 치밀한 계획 속에 진교병변을 일으킨 조광윤은 마침내 후주 정권을 손에 넣고 북송을 세워 태조가 되었다. 황제의 자리에 오른 그는 우선 금군의 병권을 장악함으로써 왕권을 공고히 했다. 그리고 선남후북先南後北(남쪽을 먼저

196

통일하고 북쪽을 물리친다)과 선이후난先易後難(쉬운 일을 먼저 처리하고 어려운 일은 나중에 계획한다)이라는 두 정책에 따라 남쪽의 할거 세력을 먼저 공격하여 통일에 힘썼다.

하층민 출신인 조광윤은 5대 10국 시기의 혼란을 지켜보며 왕조 흥망의 원인을 누구보다 정확히 꿰뚫고 있었다. 그래서 송이 촉을 멸망시킨 후 누군가가 촉왕 맹창의 칠보 요강을 바치자 조광윤은 그것을 던져 산산조각 내며 말했다.

"칠보로 요강 따위를 장식한다면 먹는 것은 도대체 얼마나 화려한 것에 담아야 한단 말이냐? 이토록 사치스러운 맹창이 더 일찍 몰락하지 않은 것이 오히려 이상하구나!"

오월왕 전숙이 보석 허리띠를 바칠 때는 이렇게 말했다.

"짐에게는 보석 허리띠가 이미 3개나 있소."

전숙이 그 진귀한 보물을 보여달라고 청하자 조광윤이 웃으며 입을 열었다.

"변하汴河, 혜민하惠民河, 오장하五丈河가 바로 그것이오(이 셋은 모두 긴 강의 이름으로, 긴 허리띠에 비유한 것임 - 옮긴이)."

그 말을 듣고 한껏 부끄러워진 전숙은 조광윤에게 무한한 존경심을 가지게 되었다.

조광윤은 또한 민생에도 관심이 많았다. 특히 돈과 정치 협상을 통해 병권을 회수한 그는 계속되는 통일전쟁을 의식하여 자연스럽게 절약이 몸에 배었다. 아낄 수 있는 것은 최대한 아꼈던 그는 언제나 소박한 마차를 타고 다녔고 침상의 휘장도 평범한 푸른 천을 덧대어 사용했다.

그는 종종 베로 된 옷을 신하들에게 하사하며 이렇게 말했다.

"나도 과거에는 이런 옷을 입었다네."

조광윤은 스스로 절약을 실천했을 뿐 아니라 가족들이 사치를 일삼지 않도록 철저하게 단속했다.

어느 날, 그의 딸인 위국장공주가 물총새 깃털로 장식한 옷을 입고 입궁했다. 이를 본 조광윤은 노기 띤 목소리로 공주에게 말했다.

"당장 그 옷을 내놓아라. 오늘부터 물총새 깃털로 옷을 장식해서는 안 된다."

그러자 공주가 대수롭지 않은 일인 양 웃으며 대구했다.

"폐하, 깃털 몇 개 장식한 것이 뭐 그리 대단한 일이라고 그러십니까?"

조광윤이 정색하며 입을 열었다.

"네 말은 틀렸다. 네가 그런 옷을 입으면 분명 궁중의 여인들이 앞다투어 너를 따라할 것이다. 그러면 물총새 깃털의 가격이 크게 오르고, 백성은 이를 통해 한몫 잡으려고 사방으로 깃털을 구하러 다닐 것이다. 이로써 얼마나 많은 물총새가 죽겠느냐? 그 모든 일이 너 하나로 야기될 수 있다. 너는 귀한 몸으로 태어난 것을 복으로 생각할 뿐 절대 그것을 악용해 사치해서는 안 될 것이다."

조광윤의 말을 들은 공주는 그의 가르침에 진심으로 감사하며 궁을 나섰다.

한번은 황태후가 화려한 마차를 타라고 제안했다.

"이렇게 오랫동안 천자의 자리에 계셨으니 황금으로 장식한 마차를 타셔야 합니다. 그래야 오가며 기개를 뽐낼 수 있지요."

그러나 조광윤은 단번에 거절했다.

"송나라의 위세가 사방에 드높으니 황금으로 궁전을 꾸미는 일인들 어렵겠습니까? 하지만 매사에 백성을 먼저 생각해야 하는 군주가 어찌 그들의 재산을 함부로 쓸 수 있단 말입니까! 옛말에 '한 사람이 천하를 다스릴 수는 있어도 천하가 한 사람을 받들 수는 없다.'고 했습니다. 만약 제 한 몸만 생각해 끝없는 사치를 부린다면 천하의 백성은 과연 어떻게 행동하겠습니까? 그러니 다시는 그런 말을 하지 마시오!"

한 나라의 군주로서 명령 한 마디면 누릴 수 있는 안락과 영화를 포기하기란 결코 쉽지 않았을 것이다. 하지만 군주로서의 바른 길을 좇으며 늘 자신에게 엄격했기에 후대에 명군으로 칭송받았음을 기억하자.

> **❝ 논어의 지혜**
>
> 원대한 포부를 가진 사람은 배움을 향한 끝없는 열정과 함께 세속적인 욕망에 빠지지 않는 의지를 지녀야 한다. 고귀한 목표를 세운 사람에게 의식주는 단지 삶의 일부에 지나지 않는다.
> 우리는 먹고 입고 잠을 자기 위해 살아가는 것이 아니다. 사람은 스스로 이루고자 하는 목표에 자신의 모든 열정을 불어넣어야 비로소 올바른 판단을 하고 끊임없이 잘못을 고치며 발전할 수 있다. ❞

06

평생 덕을 기르고
업을 닦아라

공자가 말했다. "나는 열다섯에 배움에 뜻을 두고, 서른에는 뜻이
섰으며, 마흔에는 세상일에 미혹되지 않았다. 쉰에는 하늘의 뜻을
알았으며 예순에는 남의 말을 그대로 듣고 받아들이게 되었다. 그
리고 일흔이 되니 마음이 하고 싶은 대로 좇아도 법도에 어긋나는
법이 없다."

子曰 "吾十有五而志於學, 三十而立, 四十而不惑,
자왈 오 십 유 오 이 지 어 학   삼 십 이 립   사 십 이 불 혹

五十而知天命, 六十而耳順, 七十而從心所欲, 不踰矩."
오 십 이 지 천 명   육 십 이 이 순   칠 십 이 종 심 소 욕   불 유 구

(제2편 위정爲政)

사마광과 왕안석의 학구열

옛 선인들은 '십년한창고독十年寒窓孤讀'(10년 동안 아무도 찾아오지 않
아 쓸쓸한 창 아래서 외로이 글을 읽는다)이라는 말로 배움의 어려움을 이
야기했다. 사실 이러한 고통은 공명을 얻기 위해 감수하고 거쳐야
할 과정이기도 하다.

많은 사람이 일단 이름을 얻고 나면 '공부'를 입신양명의 수단으
로만 여기고 내팽개치고 만다. 하지만 진정한 현자는 성공한 후에
도 한결같은 마음으로 배움을 구하며 평생 지식을 쌓기 위해 부단
한 노력을 멈추지 않는다.

사마광은 일곱 살부터 스승과 함께 《좌씨춘추》를 공부하기 시작했다. 춘추시대의 역사를 편년체로 기록해놓은 이 책은 내용이 함축적이고 어려운 글자가 많아 쉽게 이해하기 힘들었다. 하지만 사마광은 잠시도 손에서 책을 놓지 않고 밤낮으로 정독하며 연구에 매달렸다. 그러는 동안 그는 종종 물을 마시는 것도 잊고, 배고픔도 느끼지 못했다. 가족들이 말려보아도 아무 소용이 없었다. 잠을 잘 때는 나무로 만든 둥근 베개인 '경침警枕'에 누워 몸을 조금만 뒤척여도 베개가 데굴데굴 굴러가 잠에서 깨도록 했다. 그렇게 자다 깨면 옷을 걸치고 다시 책을 읽곤 했다.

7년 후, 그는 드디어 《좌씨춘추》를 모두 이해할 수 있게 되었다. 이는 훗날 그가 글을 쓰는 데 많은 도움이 되어 아버지의 기대를 저버리지 않고 뛰어난 문장가로 이름을 날리는 밑바탕이 됐다.

왕안석 역시 어렸을 때부터 공부를 좋아했다. 전해지는 바에 따르면 그는 밥을 먹거나 잠을 잘 때에도 손에서 책을 놓지 않았다고 한다. 그는 다양한 분야에 관심을 가졌다. 유학 경서뿐 아니라 고대 역사서, 철학서, 시가, 소설, 심지어 의서까지도 열심히 읽었다. 또 책에서 얻는 지식뿐 아니라 밭을 갈거나 수를 놓는 일조차 유심히 살피며 공부했다.

22세가 되던 해, 진사에 급제한 왕안석은 양주로 파견되어 회남 판관의 자리에 올랐다. 하지만 이후에도 관청에서 공무를 보는 시간 외에는 항상 책을 읽고 심지어는 잠자는 시간까지 쪼개어 공부했다. 어떤 때는 동이 틀 때까지 책을 읽다가 겨우 한두 시간 눈을 붙이고는 서둘러 관청으로 달려가기도 했다. 자연히 옷이나 머리 모양이 흐트러질 대로 흐트러졌고 세수조차 못하는 날이 허다했다.

당시 양주지부를 담당하고 있던 한기는 왕안석이 주색에 빠져 아침마다 단정치 못한 모습으로 출근한다고 오해했다. 하루는 참다못한 한기가 왕안석을 불러다 충고했다.

"자넨 아직 젊고 앞길이 창창하네. 마땅히 자신을 아껴야 하지 않겠나. 절대로 자포자기 말고, 나쁜 길로 빠져서도 안 되네!"

왕안석은 변명 한마디 하지 않고 한기에게 고마움을 표했다. 얼마 후, 왕안석이 밤새도록 책을 읽느라 매일 아침 그렇게 몰골이 말이 아니었음을 알게 된 한기는 깜짝 놀라 왕안석을 눈여겨보기 시작했다.

송 인종, 왕안석이 은현의 지방관으로 가게 되었다. 새 부임지에 도착한 그는 자신만의 규칙을 세웠다. 일주일에 이틀은 공무처리에 힘쓰고 나머지 시간은 책을 읽거나 글을 쓰는 데 할애하기로 한 것이다. 그는 책을 더 많이 읽기 위해 휴식시간이나 잠자는 시간, 밥 먹는 시간도 아꼈다. 새 책을 읽기 시작하면 밤낮을 가리지 않고 글 읽기에 몰두했다.

10년 동안 왕안석은 정치, 경제, 군사, 문학, 예술 방면을 두루 연구하고 불교와 도교도 공부했다. 이로써 그의 견문은 계속해서 넓어지고 학식 역시 높아져만 갔다. 그리고 마침내 왕안석은 중국 역사상 가장 뛰어난 정치가이자 문학가가 될 수 있었다.

인생은 짧다. 하지만 정신세계의 성장 과정은 그야말로 길고 험난해서 헛된 욕망을 좇느라 인생의 가장 기본인 '배움'의 중요성을 무시하는 경우가 많다. 그러고는 문득 고개를 돌렸을 때, 일생을 나태하게 살다가 실질적인 성과는 하나도 거두지 못한 자신을 발견하게 된다.

자기 수양은 처세는 물론 보다 충실한 삶을 위한 조건이기도 하다. 그래서 언제나 자신을 갈고 닦도록 노력해야 하지만 공자가 말한 경지에 달하는 것은 여전히 어렵다. 그렇다고 해서 나태해지거나 자포자기에 빠지면 자신의 몸 하나 편히 누울 만한 곳조차 찾을 수 없게 될 것이다.

❞

07

가르치는 데
차별을 두지 마라

공자가 말했다. "가르침에 있어 차별이 있을 수 없다."

子曰 "有教無類."
자 왈   유 교 무 류

(제15편 위령공衛靈公)

공자의 교육 개혁

'유교무류有教無類(가르침에는 차별이 없다)는 공자의 가장 기본적인
교육방침이다. 공자는 빈부 격차나 총명함, 어리석음을 따지지 않
고 배우고자 하는 사람은 모두 제자로 받아들였다. 이로써 그는 대
중교육의 길을 열었으며 서주 이후로 귀족 자제에게만 국한되어 있
던, 이른바 학재관부學在官府(관부에서 학문을 가르치다)의 관습을 깼다.
이렇듯 공자는 중국 문명의 발전에 더 넓은 길을 열어줌으로써 중
국 최초로 교육 개혁을 실천한 위대한 인물로 꼽힌다.

논어의 〈술이〉편에서 공자는 이런 말을 했다.

말린 포 한 묶음 이상을 예물로 가지고 온 자에게 내 일찍이 가르침
을 주지 않은 적이 없었다!

自行束脩以上 吾未嘗無誨焉!
자 행 속 수 이 상   오 미 상 무 회 언

옛날에는 스승에게 배움을 청할 때 반드시 예물을 가지고 갔다. 그런데 공자는 아주 보잘것없는 예물일지라도 가르침을 청하는 자는 누구든지 받아들임으로써 유교무류를 실천했다는 말이다.

다음은 《순자》의 〈법행〉에 기록된 이야기다.

남곽 혜자가 공자의 제자에게 물었다.

"당신의 스승 주위엔 왜 이렇게 잡다한 부류의 인간들이 많은 것입니까?"

빈부의 격차나 출신 등을 따지지 않고 제자를 받아들여서 문하에 가난하고 우둔한 사람이 많다는 것을 은근히 비꼬는 말이었다.

자공이 대답했다.

"스승님께선 배움을 구하는 사람은 거절하지 않으시며 떠나려는 사람을 붙잡지도 않습니다. 이렇게 서당의 문이 항상 열려 있으니 당연히 배우려는 사람들이 많은 법이지요. 의술이 뛰어난 명의의 집 앞에 환자가 많고, 뛰어난 기술을 가진 목수 옆에 굽은 나무가 많은 것이 다 같은 이치 아니겠습니까?"

자공의 대답은 '유교무류'라는 공자의 교육방침을 설명하는 동시에 실제로 공자의 문하에 수많은 제자, 특히 가난하고 천한 집안 출신의 제자들이 많았다는 것을 말해준다.

공자는 언행일치를 가장 중요하게 생각했다. 유교무류 역시 이를 기본으로 삼는다. 그의 제자 안회는 밥 한 공기에 물 한 바가지를 먹고 살았으며, 천민 출신 염옹은 송곳 하나 꽂을 만한 땅조차 가지

지 못했다고 한다.

한편 자로는 관직에서 물러났고, 원헌은 흙벽에 풀로 지붕을 엮어 비가 오면 물이 새는 집에서 노래를 부르며 지냈다. 남루한 옷을 입었던 증자의 얼굴은 언제나 부스럼투성이에다 손발에는 굳은살이 박여 있었다. 공야장은 오랏줄에 묶인 채 감옥에서 지내기도 했다. 이들은 모두 하층민 출신이었지만 공자는 그들에 대한 교육을 포기하지 않았다. 아니, 오히려 그들은 공자의 신임을 한몸에 받는 제자가 되었다.

공자는 품행이 단정하지 못하고 나쁜 짓을 한 사람들도 내치지 않았다. 이렇게 공자의 가르침을 받은 이들은 잘못을 바로잡고 사회에 공헌하는 사람으로 변모했다. 공자의 제자 안탁취는 양보의 도둑으로 이름을 날리던 자였고, 자로 역시 입문하기 전에는 악인이나 다름없었다.

《사기》의 〈중니제자열전〉에는 다음과 같은 기록이 있다.

> 자로는 성격이 거칠고 용맹하며 강직한 인물이다. 수탉의 깃털로 만든 관을 쓰고 수퇘지의 가죽으로 된 주머니를 허리에 차고 다니며 공자를 업신여겼다. 하지만 공자가 언제나 자신을 예로 대하자 훗날 그의 문하로 들어가 배움을 청했다.

공자에게서 가르침을 받은 안탁취는 훗날 위나라와 제나라에서 관직에 올랐으며, 자로는 공자의 총애를 받는 제자가 되었다.

'유교무류'는 공자가 최초로 시행한 교육방침으로, 이를 통해 그는 교육 개혁의 선구자로 평가받았다. 그의 주장에 따르면 교육이란 가문과 재산, 민족, 계층, 지역 등의 사회적 제한을 뛰어넘어야만 한다.

하지만 오늘날에도 교육의 불평등은 완전히 사라지지 않았다. 열등생과 우등생에 대한 차별, 자원의 불균형, 지역적 불평등, 그리고 등급을 나누는 각종 사회 현상들을 보면 공자가 유교무류를 주장한 2000년 전에 비해 오히려 낙후된 듯하다.

08

선배의 조언을
귀담아 들어라

자장이 선한 사람의 도리에 대해 묻자 공자가 대답했다. "선한 사
람도 성현의 자취를 좇지 않으면 훌륭한 경지에 이를 수 없다."

子張問善人之道. 子曰 "不踐迹, 亦不入於室."
자 장 문 선 인 지 도　자 왈　불 천 적　역 불 입 어 실　　　(재11편 선진先進)

길을 가르쳐준 늙은 말

늙는다는 것은 나이듦만을 의미하지는 않는다. 인생의 경험과 지
혜가 쌓이는 것이기도 하다. 인생의 갈림길에서 선배나 웃어른의
의견을 귀담아 들으면 나쁜 일로 들어서는 실수를 줄일 수 있다.

춘추시대, 제나라 환공이 대군을 이끌고 고죽국을 공격했을 때였
다. 적의 패잔병을 추격하던 환공의 군대가 길을 잘못 들고 말았다.
이리저리 빙빙 돌아도 도무지 돌아가는 길을 찾지 못하자 환공은
무척 당황했다. 그때 관중이 침착하게 말했다.

"늙은 말은 길을 안다고 합니다. 그러니 이 가운데 늙은 말을 하
나 골라 길을 찾도록 한 다음, 그 뒤를 따르면 분명 이곳에서 빠져
나갈 수 있을 겁니다."

환공은 서둘러 관중의 말을 따랐다. 과연 늙은 말은 빠르지도 느
리지도 않게 대군을 정확한 길로 인도해주었다.

이 이야기는 우리에게 경험이 풍부한 사람들의 의견을 귀담아 듣는 것이 얼마나 중요한지를 깨우쳐준다.

《후한서後漢書》에는 다음과 같은 이야기가 실려 있다.

서한 초년, 반초는 서역의 도호사로 봉해진 후 막북에서 30년을 지내는 동안 서역 전체에 위세를 떨쳤다. 그가 도호사로 있는 동안 서역의 각 민족이 함부로 행동하지 못해 서북 변경지역과 서역은 평화를 유지했다. 조정 역시 그 공을 인정해 반초를 정원후로 봉하기도 했다.

나이가 들어 기력이 쇠한 반초는 더 이상 중임을 맡을 수 없다는 생각에 관직에서 물러나기로 결심했다. 황제는 반초의 의견을 존중하여 임상에게 그의 직무를 대신하도록 했다.

관직에 오르기 전, 임상이 반초를 찾아와 물었다.

"저에게 서역을 통치할 수 있는 방법을 가르쳐주십시오."

반초는 잠시 생각에 잠기더니 이윽고 입을 열었다.

"보아하니 그대는 융통성이 모자란 듯하네. 무슨 일을 하든 정해진 틀만 고수하겠지. 내 그런 자네에게 몇 가지 충고를 해줌세. 물이 너무 맑으면 물고기가 살지 못하는 법이네. 오로지 엄격하고 융통성 없이 도를 행하면 득보다는 해가 더 많을 걸세. 서역 각국의 민족은 아직도 미개하다네. 그래서 이들은 반드시 유연한 태도로 대해야 하네. 그리고 큰일은 작게 만들고 복잡한 일은 간단하게 처리하도록 하게."

임상은 비록 겉으로는 감탄하는 척했지만 속으로는 그의 의견에 동조할 수 없었다.

'나는 반초가 위대한 인물이라 생각해 반드시 나에게 고견을 들려줄 것이라 믿었다. 하지만 이게 뭐란 말인가! 몇 마디 대수롭지 않은 말을 충고랍시고 하다니, 정말 실망이군.'

임상은 반초의 말을 한 귀로 듣고 한 귀로 흘려버렸다. 서역에 도착한 그는 엄격하게 법을 집행하며 자기 고집대로 행동했다.

얼마 후, 서역인들은 무기를 들고 그에게 반항하기 시작했다. 이로써 서역은 평화를 잃고 또다시 치열한 전쟁 국면으로 접어들고 말았다. 임상은 그제야 반초가 한 말의 의미를 깨달았지만 때는 이미 늦어 후회해도 소용이 없었다.

논어의 지혜

사람이 위대한 목표를 세우고 그것을 이루기 위해 분투하는 것은 좋은 일임에 틀림없다. 하지만 여기에서 중요한 것은 목표를 이루는 방법이다. 무턱대고 아무 방법이나 쓰면 잘못된 길로 갈 수 있다.

어떤 일이든 장애물을 개척해 성공을 이룬 선배가 있게 마련이다. 이런 경우 후배는 그 선배가 일군 길을 따라 나아가기만 하면 길을 잃지도 않고 많은 에너지를 절약할 수 있다. 선배가 이루어놓은 바를 수용하고 활용할 수 있는 능력, 겸허하게 경험자들에게 가르침을 구하는 마음가짐은 어떤 일을 시작하려는 사람이 반드시 배워야 할 태도이다.

제6장

윤리를 위한 논어의 지혜

삼강오륜三綱五倫은 공자의 사상 중에서도 매우 큰 비중을 차지한다. 그가 확립한 가족과 군신, 윗사람과 아랫사람 사이의 질서 및 효孝, 제悌, 자慈, 경敬등과 같은 윤리는 지난 수천 년 동안 중국을 비롯한 동양 사회를 지배하는 생활 규범이 되어왔다.

비록 오늘날에는 시대가 변해 전통적인 가치나 규범을 그대로 적용하는 데 한계가 있지만 여전히 사회 전반에 영향을 미치고 있다. 때문에 우리는 공자가 주장하는 윤리 도덕이 오늘날 사회에 보다 긍정적인 영향을 미칠 수 있도록 그것을 이어나가고 발전시켜야 한다.

윗사람을 공경하고
예에 어긋나지 마라

마을 사람들과 술을 마실 때도 노인들이 먼저 나간 후 그 뒤를 따랐다.

鄕人飮酒, 杖者出, 斯出矣.
향 인 음 주 장 자 출 사 출 의   (제10편 향당鄕黨)

웃어른을 공경한 장량과 도간

한 사람의 인격과 수양의 정도를 알아보려면 그가 웃어른을 어떻게 대하는지를 살펴보는 것이 가장 정확하다. 서한의 장량과 진나라의 도간, 훌륭한 업적과 인품으로 유명한 이 두 사람 역시 예로써 웃어른을 공경했던 인물들이다.

장량, 자는 자방으로 한나라 명문 출신이다. 그의 조부 장개지는 한소후, 선혜왕, 상애왕 시절 재상을 지냈다. 유왕, 도혜왕 시절 재상을 지낸 아버지 장평은 도혜왕 23년(기원전 250년) 세상을 떠났다. 그리고 20년 후 한나라는 진秦나라에 의해 멸망하고 말았다.

나이가 어려 관직에 오르지 못한 장량은 가산을 모두 털어 협객들을 모은 뒤 진나라의 왕을 암살할 계획을 세운다. 한나라를 위한 복수였던 것이다.

회양에서 공부했던 장량은 대력사大力士를 부하로 거느리고 있다는 창해군을 만나기 위해 동쪽으로 길을 떠났다. 그곳에서 그는 120근이 넘는 철퇴를 든 소문의 대력사를 만났다.

얼마 후 동쪽 지방을 순회하던 진시황이 박랑사에 도착하자 장량은 창해의 역사力士와 함께 그를 습격했다. 하지만 불행히도 역사의 철퇴는 엉뚱한 마차를 부숴버렸다. 한편 화가 머리끝까지 오른 진시황은 당장 암살을 공모한 무리를 잡아들이라고 명했다. 일이 이렇게 되자 장량은 이름을 바꾸고 하비로 숨어들었다.

어느 날, 장량이 하비의 다리를 어슬렁거리고 있을 때였다. 남루한 옷을 입고 지나가던 노인 하나가 일부러 신발을 다리 밑으로 떨어뜨리고는 고개를 돌려 장량에게 말했다.

"여보게, 저 신발 좀 주워주게나!"

장량은 고까운 마음이 들었지만 차마 어른에게 대들 수가 없어 조용히 신발을 주워다 노인의 발에 신겨주었다. 발을 뻗어 신발을 신은 노인이 웃으며 가던 길을 향하자 장량은 어리둥절할 수밖에 없었다.

잠시 후, 노인이 가던 길을 되돌아와 말했다.

"보아하니 자네는 가르침을 받을 자격이 충분하구먼. 닷새 후 날이 밝으면 이곳에서 봄세."

노인의 정체가 궁금했지만 장량은 아무 말도 묻지 않은 채 그저 예를 다해 대답했다.

"네."

약속한 날 아침, 다리로 가보니 노인은 벌써 도착해 있었다. 그는 성을 내며 말했다.

"노인네랑 약속을 해놓고 이렇게 늦게 나타나다니! 닷새 후에는 더 일찍 오게나!"

다시 5일이 지난 후, 장량은 새벽닭이 울자마자 집을 나섰지만 노인이 한 발 일찍 와 있었다.

"또 늦었군. 닷새 후에 다시 보세!"

또다시 5일이 지난 날, 장량은 해가 미처 뜨기도 전에 약속 장소로 향했다. 잠시 후 도착한 노인이 만면에 웃음을 띠며 말했다.

"암, 마땅히 그래야지!"

그러고는 품속에서 책 한 권을 꺼내 장량에게 건네주었다.

"이 책을 읽으면 제왕을 보필할 능력을 갖게 될 걸세. 10년 후 천하는 크게 변할 것이야."

말을 마친 노인은 홀연히 자취를 감추었다.

장량은 날이 밝고 나서야 책의 제목을 똑똑히 볼 수 있었다. 《태공병법서》였다. 이후 장량은 노인이 준 책으로 공부를 게을리하지 않았다.

진나라 말기, 농민전쟁이 폭풍처럼 거세게 일어났다. 유방을 따르기로 결심한 장량은 온 힘을 다해 그를 보필해 한나라를 세우는 데 공헌했다. 그 뒤 유후로 봉해진 장량은 한나라 삼걸 중 하나로 지금까지도 이름을 날리고 있다.

대시인 도연명의 할아버지인 도간은 진대의 명장으로 많은 공을 세웠다. 그가 어렸을 때 그의 집은 무척 가난했다. 어머니 잠씨는 삯바느질로 아들을 공부시켰는데, 온갖 고생을 다하면서도 아들교육에 대해서만큼은 늘 엄격했다. 도간이 말귀를 깨우칠 때부터 어머니는 아들이 가난으로 뜻을 굽히지 않도록 애썼다. 아들이 부귀도 더럽힐 수 없고 가난도 그 뜻을 바꿀 수 없으며 무력에도 굽히지 않는 위대한 인물이 되기를 바랐다.

어른이 된 도간은 그런 어머니의 바람을 저버리지 않았다. 관직에 올라서도 청렴결백을 지킨 그는 어머니가 돌아가신 후에도 여전히 그 가르침을 따르기 위해 애썼다.

그런 도간에게는 괴상한 취미가 하나 있었다. 매일 아침이면 벽돌 100개를 정원에 쌓아두었다가 밤이 되면 또다시 그것을 집안으로 옮기는 것이었다. 그는 매번 땀을 비 오듯 흘리면서 누구의 도움도 받지 않고 벽돌을 옮겼다. 비가 오나 눈이 오나 바람이 부나, 추울 때나 더울 때에도 그는 그 영문 모를 행동을 한 번도 거르지 않았다.

어느 날 누군가가 물었다.

"장군, 도대체 왜 매일 벽돌을 나르시는 겁니까?"

도간이 대답했다.

"지금 이 나라의 북쪽이 이민족의 손아귀에 들어갔다는 사실을 그대도 잘 알고 있을 것이오. 그래서 나는 반드시 중원을 회복하겠다는 뜻을 세웠소. 그런데 내 어머니는 살아생전에 항상 내게 이런 말씀을 하셨다오. 생활이 편해지면 몸이 상할 뿐 아니라 의지 또한 약해지는 법이라고. 내가 이렇게 하루같이 벽돌을 옮기는 것은 내 몸과 정신을 단련시켜 원대한 뜻을 실현하기 위해서라오."

도간은 술을 마실 때도 늘 일정한 주량을 넘기지 않았다. 주흥이 한창 무르익었을지라도 자신이 정한 양이 되었다 싶으면 두말하지 않고 술잔을 내려놓고는 주위에서 아무리 권해도 다시 들지 않았다. 어느 날 친한 친구가 그 이유를 묻자 도간은 이렇게 말했다.

"젊은 시절 술을 마시고 실수했을 때 나는 어머니와 약속했다네. 앞으로는 절대 정해진 양 이상은 마시지 않겠다고 말일세."

도간은 부모의 충고를 반드시 귀담아듣는 사람이었다. 그래서 어머니가 세상을 떠난 지 이미 10년이 지났지만 술을 마실 때마다 어머니와의 약속을 한 번도 어기지 않던 것이다.

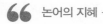

논어의 지혜

어른을 존경하고 공경하는 일은 동양의 전통 미덕이다. 공자는 이러한 미덕을 계승하고 발양시켰다. 당시 공자는 최고의 대접을 받는 위치에 있었다. 하지만 여전히 예를 중시하며 어른이 먼저 나선 후 그 뒤를 따랐다고 한다.

노인 공경은 사람의 수양 정도를 나타내는 중요한 지표가 된다. 윗사람을 공경하는 마음이 있어야 그 예를 행할 수 있고, 효제孝悌의 덕도 생기는 법이다. 또한 이러한 마음가짐과 행동은 처세나 성공에도 큰 영향을 미치게 된다. 요컨대 노인을 공경하지 않는 사람은 신뢰하기 어렵다.

인으로 사람됨을 행하고
효와 공경을 근본으로 삼아라

유약이 말했다. "사람됨이 효성스럽고 형제에게 공손한 이가 윗사
람에게 잘못을 저지르는 일은 없다. 윗사람을 거스르기를 좋아하지
않는 이가 분란을 일으키는 경우도 없다. 군자는 근본에 힘써야 한
다. 근본이 서면 처세의 도가 생긴다. 결국 효와 공손함이야말로 인
의 근본이다!"

有子曰 "其爲人也孝弟而好犯上者, 鮮矣, 不好犯上而好作亂者,
유 자 왈　기 위 인 야 효 제 이 호 범 상 자　선 의　불 호 범 상 이 호 작 란 자

未之有也. 君子務本, 本立而道生. 孝弟也者, 其爲仁之本與!"
미 지 유 야　군 자 무 본　본 립 이 도 생　효 제 야 자　기 위 인 지 본 여

(제1편 학이學而)

효성으로 계모를 감동시킨 왕상

효는 유학에서 가장 중요한 덕목 중 하나로, 오늘날에도 중국을
비롯한 한국, 일본 사회 전반에 결코 무시할 수 없는 영향력을 지니
고 있다. 부모를 공경하고 윗사람을 공경하는 태도는 현재는 물론이
고 앞으로도 사람이라면 반드시 지켜야 할 도덕적 원칙인 것이다.

한나라 말기 천하가 소란스럽자 왕상은 난을 피해 어머니와 함께
여강으로 숨어들어 그곳에서 30여 년을 보냈다. 어머니가 세상을
떠난 후 비로소 관직에 오른 그는 위나라에서 관내후와 만세정후,
체위 시중 등의 관직을 거쳤다. 또 진나라에서는 태보의 자리에 올

랐는데, 그때 왕상의 나이 85세였다.

사실 왕상의 생모는 그가 어렸을 때 세상을 떠났다. 친아들을 편애하고 왕상을 미워했던 계모 주씨는 항상 남편에게 왕상에 대한 험담을 늘어놓았다. 어머니의 사랑을 받지 못한 그에게서 아버지의 사랑마저도 빼앗아버린 것이다.

하지만 왕상은 누구보다도 효성이 지극했다. 계모가 매일 이런저런 일을 시키며 괴롭혀도 불평하기는커녕 언제나 공손한 태도를 잃지 않았다. 행여 부모가 병에 걸리면 자지도 않고 곁을 지키며 보살폈고 약을 달이면 꼭 자신이 먼저 맛을 보았다. 그래도 주씨는 여전히 왕상을 눈엣가시로 여겼다.

주씨는 살아 있는 물고기를 무척 좋아했다. 왕상은 그런 어머니를 기쁘게 하려고 갖은 궁리를 다해 물고기를 잡아 왔다.

몹시 추운 어느 해 겨울, 주씨는 어김없이 왕상에게 물고기를 구해 오도록 했다. 동지섣달에 도대체 어디에서 물고기를 구한단 말인가! 하지만 왕상은 포기하지 않고 두꺼운 얼음을 깨고 옷을 훌훌 벗어던진 다음 강에 뛰어들려 했다. 찬바람이 쌩쌩 불었지만 그는 조금도 아랑곳하지 않았다. 그런데 갑자기 얼음이 갈라지더니 잉어 두 마리가 수면 위로 뛰어오르는 것이 아닌가! 재빨리 잉어를 붙잡은 왕상은 휘파람을 불면서 집으로 돌아와 어머니께 올렸다. 이 사실을 알게 된 마을 사람들은 왕상의 효심에 감동해 하늘에서 물고기를 보내주었다며 입이 마르도록 그를 칭찬했다.

왕상은 평소에도 어머니의 말을 하늘처럼 받들었다. 그의 집 정원에는 달고 시원한 배가 열리는 나무 한 그루가 있었다. 주씨는 어린 왕상에게 이 나무를 지키도록 했다. 이에 왕상은 바람이 불고 천둥번개가 치는 날에도 어머니의 분부를 지키기 위해 무서움을 꾹 참느라 눈물을 훔치며 나무를 붙잡고 있었다.

한편 왕상에게는 주씨가 낳은 아들인 왕람이라는 동생이 있었다. 일찍 철이든 왕람은 어머니가 형을 구박하려고 하면 이를 막기 위해 일부러 형을 붙잡고 울음을 터트렸다. 왕람이 어른이 된 후 형 왕상을 구박하지 말라고 부탁하자 주씨의 행동은 어느 정도 누그러지는 듯했다. 하지만 여전히 말도 안 되는 억지를 부리며 왕상에게 잡다한 일을 시켰다. 그럴 때면 왕람은 항상 형을 도와 어머니가 시킨 일을 함께 거들곤 했다.

얼마 후 두 형제는 각각 결혼했다. 주씨는 왕상의 아내마저 괴롭히며 온갖 궂은일을 시켰으나, 왕람의 아내 역시 남편과 마찬가지로 형님을 도와 함께 일했다. 이 모습을 본 주씨는 자신의 계략이 소용없음을 깨닫고 곧 괴롭히는 일을 관두었다.

부친이 세상을 떠난 후 왕상의 명성은 더욱더 높아졌다. 하지만 주씨는 기뻐하기는커녕 이를 질투해 왕상을 다시 괴롭혔다.

그러던 어느 날, 주씨는 술에 몰래 독을 타 왕상을 죽이려 했다. 다행히 이를 눈치 챈 왕람이 술잔을 먼저 낚아채자, 이를 본 왕상 역시 잔을 빼앗으려 했다. 형제가 서로 술잔을 가지려고 다투는 모습을 본 주씨는 자신의 계략이 들통날 것을 염려한 나머지 황급히 술잔을 빼앗았다.

그 일이 있은 후 왕람은 어머니가 형에게 주는 음식을 모두 먼저 맛보았다. 자칫하면 친아들이 죽을 수 있다는 생각에 주씨는 더 이상 음식에 독을 타지 않았다. 하지만 왕상을 죽이려는 주씨의 흉악한 마음은 좀처럼 수그러들지 않았다.

어느 날, 왕상이 혼자 침상에 누워 잠을 자고 있을 때였다. 마침내 기회가 왔다고 생각한 주씨가 날카로운 칼을 품고 몰래 왕상의 방으로 들어가 왕상이 덮고 있던 이불을 수차례나 찔렀다. 때마침 왕상은 소변을 보기 위해 침상을 비운 뒤였다. 잠시 후 방으로 돌아온 왕상은 난도질당한 이불을 보고 주씨가 자신을 죽이려 했다는 사실을 알았다. 그는 당장 어머니의 방으로 달려가 자신을 죽여달라고 울었다. 그제야 아들의 지극한 효성에 감동한 주씨는 왕상을 일으켜 세우고는 후회와 감격의 눈물을 흘렸다.

이 일이 있은 후, 주씨가 왕상을 마치 친아들처럼 살갑게 대하자 왕상 일가는 그 어느 가정보다 행복하고 화목해졌다. 왕상은 전보다 더 지극정성으로 어머니를 모시다가 주씨가 세상을 떠난 후에야 비로소 조정의 부름에 응해 관직에 올랐다.

66 논어의 지혜

부모에 대한 효와 형제 간의 사랑은 인仁의 근본이다. 옛 사람들은 효孝와 제悌를 인과 더불어 나라와 치국, 사람의 근본으로 보았다. 오늘날에도 효와 공경은 여전히 중요한 의미를 지닌다. 자신을 낳고 기르며 가르친 부모에게 효도하지 못하는 사람은 형제자매를 사랑하지 못한다. 이처럼 인仁하지 않는 사람은 다른 사람이나 사회에 대한 도덕심이 없고 정의감이나 책임감도 결여되어 있어 사회에 익보다는 해가 될 수 있다.

99

진심으로
효를 행하라

자유가 효에 대해 묻자 공자가 말했다. "요즘 말하는 '효'는 부모를 그저 봉양하는 것에 지나지 않는다. 하지만 개나 말도 먹이고 돌볼 수 있지 않는가? 만약 공경하는 마음이 없다면 이와 무슨 구별이 있겠는가?"

子游問孝. 子曰 "今之孝者, 是謂能養. 至於犬馬皆能有養,
자유문효   자왈   금지효자   시위능양   지어견마개능유양

不敬, 何以別乎?"
불경   하이별호   (제2편 위정爲政)

효자 조선응

효의 본질은 자녀에 대한 부모의 사랑이 영향을 미쳐 자녀가 부모를 공경하게 되는 데 있다. 공자가 강조한 효는 공경심을 바탕으로 한다. 그는 진실한 마음으로 부모에게 효도할 것을 주장했다. 부모를 물질로만 봉양하는 것은 동물을 키우는 일과 다를 바 없다.

노년에 접어들면 자연히 기력이 예전과 달라진다. 그러므로 자녀들은 늘 부모님에게 관심을 가지고 집안일을 분담해야 한다. 또 자신의 앞가림을 잘함으로써 부모님의 걱정을 덜어드려야 한다.

부모님의 건강에도 항상 주의를 기울여 병이 나면 이전보다 더 극진히 봉양하고, 걱정이 있으면 그것을 해결하기 위해 노력해야 한다. 물질적인 것뿐만 아니라 정신적으로도 나이 드신 부모님에게

항상 관심을 기울여야 하는 것이다.

조선웅은 남송의 대신 조여우의 아버지로서, 지극한 효성으로 유명한 인물이다. 어느 날, 어머니가 중병을 얻어 쓰러지자 조선웅은 황급히 의원을 불렀다. 어머니의 맥을 짚고 난 의원은 약 두 첩을 지어주었다. 하지만 약을 먹은 후 어머니의 병세가 나아지기는커녕 오히려 더 위중해지는 게 아닌가! 다급해진 조선웅은 다시 의원을 불렀다. 하지만 의원은 고개를 가로저으며 말했다.

"저도 모친의 병명을 알 수 없습니다. 더 실력 있는 의원에게 보이시는 게 좋을 것 같습니다."

조선웅은 백방으로 수소문한 끝에 10명 남짓한 명의를 청해왔다. 하지만 어머니의 병은 도무지 회복될 기미가 보이지 않았다.

그러던 중 누군가가 그에게 말했다.

"황실의 어의를 불러 오는 것이 어떻겠습니까?"

조선웅은 마치 꿈에서 깨어난 듯 서둘러 황실 종친을 찾아가 간곡하게 부탁한 끝에 곧 어의를 모셔올 수 있었다. 진맥을 마친 어의는 처방전을 써주며 조선웅에게 말했다.

"내가 써준 대로 약 세 첩을 지어 드시게 하면 병은 호전될 것이오. 하지만 이 약은 반드시 사람의 피로 개어 먹어야만 효과를 볼 수 있소."

처방전을 받은 조선웅은 잠시도 지체하지 않고 약을 지어 왔다. 그러고는 날카로운 칼로 자신의 팔뚝을 그어 그 피에 약을 개어 어머니께 드렸다. 이 모습을 본 동생이 형을 대신해 자신의 팔뚝을 베려고 했지만 조선웅이 끝내 허락하지 않았다. 신기하게도 피에 갠 약을 먹은 후 어머니의 병세가 점차 호전되자 조선웅은 뛸 듯이 기뻐했다.

한편 원래 심장병을 앓고 있던 조선웅의 어머니는 천둥번개 소리에는 물론 작은 기척에도 깜짝깜짝 놀라는 일이 잦았다. 하루는 저녁부터 검은 구름이 짙게 깔리더니 갑자기 천둥번개가 치기 시작했다. 아니나 다를까 조선웅의 어머니는 천둥소리에 그만 놀라 그대로 기절하고 말았다. 비명 소리에 잠이 깬 조선웅은 황급히 어머니의 방으로 달려가 날이 샐 때까지 그 곁을 떠나지 않았다. 그 후부터는 비가 오는 날이면 항상 옷을 갖추어 입고 어머니의 방에서 밤을 지새웠다.

그러던 어느 날 꽤 오랫동안 집을 비우게 된 조선웅은 아내에게 어머니를 부탁하며, 특히 비가 오는 날은 반드시 어머니 곁을 지키라고 당부했다. 아내의 확답을 듣고서야 그는 안심하고 집을 나섰다.

조선웅이 집으로 돌아온 것은 매서운 겨울 밤이었다. 집 대문이 눈에 들어오자 동행하고 있던 하인이 반가운 마음에 나는 듯이 달려가 대문을 두드리려 했다.

그러나 조선웅이 하인을 말리며 말했다.

"문을 두드리지 말거라. 어머니께서 그 소리에 놀라실까 걱정되는구나."

그러자 하인이 손을 거두어들이며 물었다.

"밤도 깊고 날씨도 이렇게 추운데 문을 두드리지 않으면 어디에서 밤을 보낸단 말입니까?"

"머물 곳이 없어도 문을 두드려서는 안 된다. 처마 밑에서 몸이 꽁꽁 어는 한이 있어도 어머니를 놀라게 해서는 안 된다는 말이다."

하인 역시 그의 지극한 효성에 감복해 두 사람은 처마 밑에서 밤을 새우기로 했다. 날이 밝은 후, 집 안에 있던 하인이 대문을 열자 처마 밑에 사시나무 떨듯 온몸을 떨고 있는 두 사람이 보였다. 자세히 보니 주인어른이 아닌가!

이렇듯 말보다 행동으로 효를 보여준 조선응 덕분에 그의 가족 역시 효심이 지극했다. 특히 그의 아들 조여우는 언제나 부모님을 공경하여 두터운 효성으로 이름을 날렸다.

> **❝ 논어의 지혜**
>
> 여기에서 공자가 강조한 효는 마음에서 우러나오는 부모에 대한 공경이다. 이는 단순한 봉양이 아닌 스스로가 자각하는 윤리의식이자 도덕이기도 하다. 이런 마음이 결여되었다면 그것은 진정한 효라 할 수 없다. 자신을 효자라고 생각하는 사람도 실제로는 형식적으로 효를 행하고 있는 경우가 부지기수다. 부모님께 다달이 돈 몇 푼 부쳐드리는 것으로 '의무'를 다했다고 생각하는가 하면, 애완동물에게는 지극 정성을 다하면서도 부모님은 짐으로 여기는 경우도 많다. 나는 평소 어땠는지 돌아볼 일이다. **❞**

224

04

부모님이 살아 계실 때는
멀리 나가지 마라

공자가 말했다. "부모님 살아생전에는 될 수 있는 한 먼 곳에 가지 마라. 꼭 나가야 하면 반드시 가는 곳을 알려야 한다."

子曰 "父母在, 不遠游, 游必有方."
자왈 부모재 불원유 유필유방

(제4편 이인里仁)

효를 위해 관직을 버린 이밀

양백준의 《논어역주》에는 이런 말이 있다.

옛날에는 교통이 불편하고 개인적인 통신수단도 없었다. 유가에서는 부모를 모시고 장례를 극진히 치르는 것을 중요하게 생각했기 때문에 자연스럽게 '부모재父母在, 불원유不遠游'(부모가 살아계실 때는 멀리 가지 마라)와 같은 말이 나오게 된 것이다.

물론 옛 사람들이라고 해서 모두 공자의 주장을 따를 수 있었던 것은 아니다. 학문을 하는 사람이라면 누구나 자신의 뜻을 사방에 펼치고 싶은 법이고, 관직에 오르면 조정의 명에 따라 이곳저곳으로 돌아다닐 수밖에 없기 때문이다. 하지만 웃어른이 자신의 보살핌을 필요로 한다면, 진정한 효자는 이 모든 것을 포기하기도 했다. 서진西晉시대의 이밀, 그가 조모를 위해 관직을 버린 이야기는 여전히 우리에게 큰 감동을 안겨준다.

이밀은 무양 사람으로 매우 불우한 어린 시절을 보냈다. 그가 태어난 지 6개월 만에 아버지가 세상을 떠나자 집안에는 남은 가족을 돌봐줄 남자 어른도 없었고 의지할 형제자매도 없었다. 어머니와 할머니가 계실 뿐이었다.

이밀이 4세 되던 해, 외삼촌 하씨가 힘들게 사는 그의 어머니를 보다 못해 결국 강제로 재가시켰다. 이때부터 이밀은 할머니와 단둘이 살게 된다. 이밀의 할머니는 지병이 있어 자주 자리에 눕곤 했다. 하지만 불쌍한 손자를 혼자 힘으로 키워야 했기에 매일 아픈 몸을 이끌고 산으로 가 나무를 하고 농사를 지었다.

한편 어머니가 재가한 후, 어린 이밀은 매일 울기만 했다. 게다가 할머니의 보살핌에도 불구하고 언제나 잔병치레가 끊이질 않았다. 그는 아홉 살이 돼서도 제대로 걷지 못했다. 하지만 누구보다 총명했던 그는 어른이 되고 난 후 열심히 글공부에 전념했고 할머니에 대한 효심 또한 지극했다.

그는 낮에는 부지런히 일하고 저녁에는 어김없이 글을 읽었다. 연로하신 할머니가 병에 걸리면 옷을 입은 채로 그 곁에서 잤다. 할머니께 드리는 약이나 밥, 물 역시 온도가 적당한지 늘 자신이 먼저 먹어보곤 했다. 주변에서도 그의 효심을 모르는 사람이 없을 정도였다.

서진 원년(265년) 무제 사마염은 이밀의 뛰어난 재능과 지극한 효성을 전해 듣고 그를 태자세마에 임명하려 했다. 그때 이밀의 나이 44세였고 그의 조모는 96세였다.

이밀은 연로하신 조모를 보살펴드릴 사람이 없다는 이유를 들어 관직을 사양하면서 〈진정표陳情表〉를 올렸다. 다음은 그가 쓴 〈진정표〉의 일부이다.

조모가 안 계셨다면 오늘날의 신도 없었을 것입니다. 이제 신이 없으면 조모께선 여생을 마칠 수 없을 것입니다. 이렇게 손자와 조모가 서로 목숨을 의지하고 있는데 어찌 멀리 떠날 수 있단 말입니까. 신이 폐하께 충성할 날은 많으나 조모를 봉양할 날은 짧습니다. 까마귀가 어미새의 은혜에 보답하는 것처럼 조모가 돌아가시는 날까지 보살펴드릴 수 있도록 허락해주십시오.

이밀의 효성에 감복한 무제는 이밀의 청을 받아들이고, 관할 군현으로 하여금 이밀의 조모에게 의식衣食을 제공하도록 했다.

66 논어의 지혜 ─────

'부모재세父母在世, 불출원문不出遠門'(부모님 살아생전에 멀리 나가지 마라)은 부모님의 연세가 많아지고 기력이 쇠해질수록 몸이 말을 듣지 않는 일이 많아지니 반드시 옆에서 보살펴드릴 것을 강조하는 말이다. 하지만 사회생활을 하는 사람으로서 늘 부모님의 곁을 지킬 수는 없다. 만약 집을 떠나야 한다면 항상 가는 곳을 정확하게 밝힘으로써 집에 무슨 일이 생기면 연락이 닿을 수 있도록 해야 한다. 또 항상 행선지를 밝혀 언제나 자식들을 걱정하는 부모님을 안심시켜야 한다. 집만 나서면 행방이 묘연하고 소식조차 남기지 않는 것 역시 불효임을 명심하자.

99

05

언제나
친구의 곁을 지켜라

친구가 죽은 후 장례를 돌봐줄 사람이 없자 공자가 말했다. "내 집
에 빈소를 차리겠다."

朋友死, 無所歸, 曰 "於我殯."
봉 우 사　무 소 귀　왈　어 아 빈   (제10편 향당鄕黨)

신의를 지킨 제모변과 범식

　친구란 항상 서로를 도와주고 죽음 앞에서도 변하지 않으며 상대
방을 위해 아무런 대가 없이 무엇이든 해줄 수 있어야 한다. 자신을
위해 죽을 수 있는 친구를 사귀고 싶은가? 그렇다면 본인이 먼저
그런 친구가 되어야 하지 않을까? 그렇게 하면 그 어떤 고난 속에
서도 서로 부축할 수 있는 진정한 우정을 만들 수 있을 것이다.

　전국시대, 제나라 재상 정곽군 문하에 제모변이라는 사람이 있었
다. 다른 문객들은 흠이 너무 많다는 이유로 제모변을 무척 싫어했
지만 정곽군만은 달랐다. 문객 중 사위라는 사람이 제모변을 두고
쓴소리를 했지만 정곽군은 들으려고도 하지 않았다. 그러자 사위는
정곽군의 문하를 떠나고 말았다. 맹상군 역시 제모변의 흠을 봤지
만 정곽군은 오히려 화를 내며 말했다.
　"그대들이 모두 떠나거나 내 집안이 갈가리 찢긴다 해도 제모변

의 마음에만 든다면 난 어느 것 하나 마다하지 않을 것이오!"

정곽군은 제모변에게 가장 좋은 객사를 주고 큰아들에게 시중을 들게 했다.

몇 년이 지난 후, 제나라 위왕이 죽고 선왕이 즉위했다. 하지만 왕에게 바른 소리를 해서 미움을 산 정곽군은 어쩔 수 없이 관직에서 물러나 봉지인 설지로 돌아와야 했다. 물론 제모변도 함께였다.

설지에 머무른 지 얼마 지나지 않아 제모변은 직접 선왕을 만나러 가겠다고 나섰다. 이에 정곽군은 결사반대했다.

"나에 대한 왕의 미움이 이미 극에 달했습니다. 이런 상황에서 그를 만나러 가면 반드시 죽임을 당할 겁니다."

하지만 제모변은 태연하게 대답했다.

"내 목숨을 구걸할 생각은 처음부터 없었습니다. 난 반드시 갈 겁니다."

그러자 정곽군도 더 이상 그를 막지 못했다. 제모변은 곧 제나라 수도에 도착했다.

한편 이 소식을 들은 선왕은 화를 삭이며 그를 기다렸다. 얼마 후, 제모변을 만난 자리에서 왕이 먼저 입을 열었다.

"듣자하니 정곽군은 그대의 말이면 무엇이든 다 들어준다고 하더군. 그런 그를 무척이나 좋아하겠군그래?"

제모변은 한 치도 흔들림 없는 표정으로 대답했다.

"그를 좋아하는 것은 사실이나 제 이야기는 무엇이든 다 들어준다는 건 틀린 말입니다. 먼저 제 얘기를 들어보시지요. 폐하께서 아직 태자였을 때 저는 그 사람에게 이런 이야기를 했습니다. '태자는 뺨이 너무 크고 눈빛이 바르지 못한 점으로 볼 때 절대 어진 관상이 아닙니다. 이런 사람은 쉽게 배반하게 마련이지요. 그러니 태자를 폐위시키고 우희의 어린 아들 교사가 이를 대신하도록 해야 합니다.' 하지만 정곽군은 눈물을 흘리며 말했습니다. '안 됩니다. 저는 그렇게 할 수 없습니다.' 만약 그가 제 말을 들었더라면 오늘과 같은 화를 당하지 않았겠지요."

제모변은 선왕 앞에서 이런 이야기를 하면서도 눈 하나 깜빡하지 않고 말을 이었다.

"또 정곽군이 봉지로 돌아온 후, 초나라 재상 소양이 설지를 그보다 몇 배나 큰 땅과 맞바꾸자고 제안했습니다. 저는 당연히 그렇게 하라고 권했습니다. 하지만 정곽군은 고개를 가로저으며 말했습니다. '나는 선왕先王에게서 이 땅을 받았습니다. 지금 비록 후왕의 미움을 받고 있지만 선왕에 대한 충심은 여전히 변하지 않았습니다. 만약 설지를 다른 이에게 넘긴다면 어찌 선왕의 얼굴을 마주할 수 있겠습니까?' 이 두 이야기는 폐하에 대한 정곽군의 충심을 그대로 보여주는 것이 아닙니까?"

제모변의 이야기를 듣고 난 선왕은 길게 한숨을 내쉬더니 감격에 겨운 목소리로 말했다.

"짐이 어리고 모자라 정곽군의 충심을 모르고 있었구려. 그대가 나를 대신해 정곽군을 이리로 데려올 수 있겠소?"

"물론입니다!"

시원스럽게 대답한 제모변은 당장 정곽군을 수도로 데려왔다.

직접 성 밖으로 마중 나간 선왕은 눈물을 흘리며 정곽군을 맞은 후 그를 재상으로 임명했다.

이렇듯 진정한 친구는 필요한 순간에 도움을 줄 뿐 아니라 언제 어느 때라도 믿을 수 있고 기댈 수 있는 사람이다.

산동 사람 범식과 하남 사람 장소는 태학에서 만나 우정을 쌓았다. 공부를 끝낸 두 사람은 헤어지면서 2년 뒤 장소의 집에서 만나기로 약속했다.

2년의 세월이 흘러 드디어 약속한 날이 오자 장소는 어머니에게 친구가 찾아오니 그를 위해 음식을 준비해달라고 부탁했다. 하지만 어머니는 아들의 말을 믿지 않았다.

"그렇게 먼 곳에 사는데 어떻게 꼭 오늘 도착한다고 장담할 수 있느냐?"

하지만 범식은 약속대로 정확히 그날 장소의 집을 찾아왔다. 장소의 어머니는 놀라움을 감추지 못했다.

"범식은 신의를 지킬 줄 아는 인물이구나! 그런 이와 친구가 되었다면 나쁜 길로 빠질 리는 없겠다."

훗날 장소가 병으로 세상을 떠났다. 장례 당일, 저 멀리서 흰 깃발을 꽂은 말이 급하게 달려오는 게 보였다. 동시에 서글픈 울음소리도 들려왔다.

"범식이 왔구나!"

장소의 어머니가 확신에 찬 목소리로 말했다. 과연 범식이 말에서 내려 삼노끈을 쥐고는 장소의 관이 놓인 수레를 끌며 말했다.

"어서 가게나. 생사의 길이 다르니 그대를 살려 올 수가 없네. 이제 그대와는 영원히 이별이네!"

이 소식을 들은 사람들은 모두 눈물을 흘리며 범식과 장소의 우정을 입이 마르게 칭찬했다.

논어의 지혜

진정한 친구란 무엇일까? 함께 시련을 이겨내고 죽음 앞에서도 변하지 않는 우정을 나누는 것, 그것이 바로 진정한 친구일 것이다. 살아 있을 때는 언제나 약속을 지키려 노력하고 힘든 일은 같이 이겨나가는 사람, 한 사람이 죽었다 해도 영원히 그 우정을 버리지 않고 남은 모든 일을 책임질 수 있는 사람. 그것이 바로 진정한 친구이다. 공자가 말하는 우정에 대한 군자의 도리대로 환난 속에서 서로 부축하며 신의를 지키는 행동은 거짓으로 우정을 논하는 사람들을 부끄럽게 한다.

제7장

리더를 위한
논어의 지혜

공자가 주장한 '학이우즉사學而優則仕'(배워서 뛰어나면 관직에 나가라)를 보면 그가 배움과 수양의 목적을 '천하를 다스리는 일'에 두었다는 사실을 알 수 있다. 그래서 논어에는 정치의 방법과 사람을 다스리는 예에 관한 이야기가 많다. 비록 대부분이 짧은 이야기로 끝을 맺지만 그 속에는 지도자가 갖추어야 할 지혜와 미덕이 담겨 있으며 복잡한 문제에 대한 가장 훌륭한 해답이 숨어 있다.

01

신의를 지키고
근검절약하라

공자가 말했다. "천승의 나라를 다스리려면 정사에 있어서 신중을 기하고 믿음을 주어야 하며, 쓰임새를 아끼고 백성을 사랑해야 한다. 또 백성을 동원해 부릴 때에는 때를 가려야 한다."

子曰"道千乘之國, 敬事而信, 節用而愛人, 使民以時."
자 왈   도 천 승 지 국   경 사 이 신   절 용 이 애 인   사 민 이 시

(제1편 학이學而)

백성을 사랑한 황패

황패는 한나라 순리循吏(법을 잘 지키며 직분을 다하는 관리─옮긴이) 가운데 으뜸으로 꼽히는 인물이다. 그가 당시 사람들의 신임과 후대인들의 공경을 한몸에 받게 된 것은 바로 '경사이신敬事而信, 절용이애인節用而愛人, 사민이시使民以時'의 원칙을 잘 지켰기 때문이다. 이로써 그는 스스로도 훌륭한 공을 세웠을 뿐 아니라 국가의 번영과 백성의 안녕에 커다란 공헌을 했다.

황패는 자는 차공이며 회양 양하현 사람으로, 한나라 선제 시절 태수를 지내기도 했다. 선제는 즉위하기 전 민간에서 갖은 고생을 했기에 백성이 관리들의 핍박 속에서 얼마나 많은 고난을 겪는지 잘 알고 있었다. 때문에 그는 황제가 된 후 관리들이 직분에 맞게 백성을 보살피도록 했다. 그는 또한 무제가 시행했던 엄격한 법제

234

를 완화하고 연일 계속되던 전쟁으로 비롯된 사회 갈등을 해결하기 위해 각종 칙령을 발표했다. 하지만 일부 관리들은 사리사욕을 채우기 위해 황제의 칙령을 제대로 이행하지 않았다. 그러나 당시 지방관으로 있던 황패는 달랐다. 그는 재능 있는 관리를 뽑아 지방 곳곳을 다니며 황제의 조령을 전달하도록 함으로써 선제의 '덕정'을 널리 알렸다. 또한 부역과 세금을 대폭 줄이고 백성이 모두 농업에 힘쓰도록 했다.

황패는 황제의 명령을 이행하기 위해 구체적인 규정을 만들기도 했다. 역관과 향관에서 닭과 돼지를 키워 의지할 데 없는 이들을 돌봐준 것도 그 중 하나다. 백성들의 생활이 조금 나아진 후에는 교화에 힘썼다. 향관 내에 교화를 담당하는 부로父老, 치안을 관리하는 사수師帥, 토착민을 관리하는 오장伍長 등을 설치하고 백성이 선을 행하고 근검절약하도록 장려했다.

황패는 구체적인 정책을 만들고 온 힘을 다해 이를 시행했을 뿐 아니라 연륜이 있고 공무를 훌륭히 수행할 관리를 뽑아 각 지역을 몰래 시찰하도록 했다. 각 고을로 파견된 관리들은 민가를 돌아다니며 정책이 제대로 시행되는지 살폈다. 그들은 자신들의 신분이 발각되지 않도록 길거리에서 잠을 자거나 끼니를 때워야 했다. 심지어 날아드는 까마귀 떼에게 음식을 빼앗기지 않기 위해 고군분투하며 허기를 채우는 날도 허다했다.

현지의 상황을 조사한 관리들은 보고 들은 사실을 있는 그대로 보고했다. 덕분에 황패는 관할지역에서 발생한 문제를 신속하고 적절하게 처리할 수 있었다. 예컨대 어떤 지역에서 가족이 없는 이가 죽어 장례를 치를 수 없다고 보고하면 황패는 서둘러 이를 처리하도록 지시했다. 그러면 즉시 어느 곳에 있는 나무가 관을 만들기에 적당한지, 어느 곳에서 키우는 돼지를 장례에 쓰면 좋을지가 속속 보고되었다. 평소 암행으로 민가의 상황을 정확하게 파악하고 있음을 모르는 사람들은 신기에 가까운 황패의 일처리에 감탄할 뿐이었다.

항상 근검절약하며 백성을 먼저 생각하는 황패의 관할지역에는 악인이 발붙일 틈이 없었다. 덕분에 경내 도둑의 수는 날이 갈수록 줄고 인구는 계속 늘어갔다. 그러자 경제 역시 탄탄히 발전했으며 백성들의 삶은 더욱 평화로워졌다.

한 선제는 이런 황패에게 직접 상을 내리며 《한서》를 통해 이렇게 칭찬했다.

한나라가 흥할 수 있었던 것은 백성을 잘 다스린 훌륭한 관리들 덕분인데, 황패가 그 중 으뜸이다.

66 논어의 지혜 ―――

공자는 여기에서 나라를 다스림에 있어 구체적으로 지켜야 할 원칙을 말하고 있다. 즉, 일을 할 때는 신중하고 진지해야 하며, 말을 할 때는 신용을 지켜야 한다는 것이다. 또한 항상 근검절약하고 백성을 사랑하며 노역을 시킬 때도 백성의 생업을 방해해서는 안 된다고 말한다.

여기에서는 개인의 인품과 수양이 기본이 된다. 사람이 덕을 닦아 업을 이루려는 것도 정치를 통해 천하를 구하는 데 목적이 있기 때문이다. 이런 마음가짐으로 모든 일을 행한다면 자신뿐 아니라 다른 사람에게도 영향을 미쳐 결국 모두에게 득이 될 것이다.

99

02

덕과 예로
천하를 통치하라

공자가 말했다. "정치적인 법규로 이끌고 형벌로 바로잡으려 하면 백성은 이를 면하려 할 뿐 부끄러움은 알지 못한다. 반면 덕으로 이끌고 예로써 바로잡으면 백성은 부끄러움을 알고 또 스스로 바로잡는다."

子曰 "道之以政, 齊之以刑, 民免而無恥. 道之以德, 齊之以禮,
자 왈   도 지 이 정   제 지 이 형   민 면 이 무 치   도 지 이 덕   제 지 이 례

有恥且格."
유 치 차 격

(제2편 위정爲政)

덕과 예로 치세를 구현한 한 무제

법의 제약을 줄이고 예를 강조하며 신하와 백성을 가르치고 민심을 안정시키는 것. 이것이 유가儒家에서 추구하는 정치의 모습이다. 이 모두를 실천할 수만 있다면 태평성세를 기대해도 좋을 것이다. 역사적으로 수많은 위정자들이 그 사실을 몸소 증명해주고 있으니 말이다.

한 무제는 중국 역사상 손꼽히는 명군 중 하나이다. 그가 즉위하던 해 말, 황제와 신하들 사이에는 이전처럼 엄격한 법 집행을 할 것이냐, 아니면 법의 제약을 줄이고 예를 더욱 중시할 것이냐를 두고 의견이 분분했다.

한 무제가 먼저 입을 열었다.

"법은 국가를 다스리는 규범이오. 그것을 통해 잔인하고 포악한 행동을 규제하고 사람들을 선으로 이끌 수 있소. 하지만 오늘날의 법은 범죄를 지은 자의 부모나 처자식, 형제까지도 연좌제에 따라 얽매고 있소. 그대들은 이것이 합당하다고 보시오?"

그러자 대부분의 대신들이 한 목소리로 말했다.

"백성은 그들을 스스로 다스리지 못합니다. 그래서 법으로 제약해야 하는 것이지요. 범죄자의 처자식을 관노로 삼고 부모 형제를 연좌함으로써 다른 이들이 경계심과 공포심을 갖게 되면 쉽게 범죄를 저지르지 못하게 됩니다. 그것은 이미 오래 전부터 지속되어온 것이니 합당하다고 봅니다."

이에 무제가 말했다.

"법이 공정해야 백성이 충심을 가지게 되고, 죄의 형량이 타당해야 백성이 이에 따른다고 했소. 더욱이 백성이 선을 행할 수 있도록 다스리고 인도하는 것이 관리의 직분이오. 하지만 관리 된 자가 이를 행하지 못하고 법 또한 공정하지 못하다면 이는 오히려 백성을 다치게 할 뿐 아니라 사회의 혼란을 가중시킬 수 있소. 그런데도 법률이 이를 막을 수 있다고 보시오? 그런 법률의 어떤 부분이 합당한 것인지 이해할 수 없구려."

무제가 이렇듯 엄격한 법집행을 반대하자 대신들은 또다시 입을 모아 말했다.

"황제의 은혜는 가없이 넓고 은택은 깊기만 해 저희로서는 도저히 따를 수가 없습니다. 죄인의 처자식을 관노로 삼는 것과 연좌의 법령을 없애도록 하소서."

이리하여 무제는 연좌제를 폐지할 수 있었다.

무제는 또한 누구나 허심탄회하게 조정에 진언할 수 있도록 하기 위해 여태껏 직언을 아끼지 않는 사람들에게 죄목을 씌워 처벌하던 비방죄를 폐지했다.

"고대 국가에서는 조정에 누구나 진언할 수 있는 깃발과 기둥을 설치하였다. 그렇게 함으로써 신하들은 스스럼없이 자신의 의견을 말했고, 나라를 다스리는 일 역시 물 흐르듯 순조로울 수 있었다. 하지만 오늘날엔 비방죄라는 죄목 때문에 누구도 감히 자신의 생각을 말할 수 없고, 황제 역시 자신의 잘못을 들을 수가 없다. 이리하면 어찌 먼 곳에 있는 어질고 현명한 선비들을 조정으로 불러들일 수 있겠는가?"

무제는 나아가 신체에 손상을 가하는 육형肉刑 또한 폐지했다.

그는 한편 '덕정'에 더욱 많은 관심을 쏟았다. 집정 후기에 접어든 어느 해, 나라 전역에 가뭄과 병충해가 발생했다. 그러자 문제는 제후들에게 조정에 공물을 바치지 않도록 명하고 삼림과 호수, 늪지대의 금령을 거둠과 동시에 황제의 의복과 장신구, 음식, 말 등을 모두 줄였다. 뿐만 아니라 지방 관리의 수를 조정하고 식량창고를 열어 백성을 구휼했다.

이러다 보니 무제 재위 20년 동안 한나라 황실에는 궁실, 정원, 동물원, 가축, 의복, 용구 등 어느 것 하나 그 수가 늘어나지 않았다. 무제는 오로지 백성의 불편함을 고쳐주고 모든 것을 백성의 이익에서만 생각했다.

한번은 무제가 누대를 짓기 위해 대략의 비용을 산정하도록 했다. 황금 100근이 든다는 계산이 나오자 무제가 말했다.

"황금 100근은 좀 먹고 살 만하다는 백성 10집의 가산과 맞먹지 않는가. 내 선제의 궁실을 지키고 있는 것이 혹시 수치가 되지 않을까 걱정했다만, 대체 누대를 새로 짓는 것이 무슨 소용이 있단 말이냐?"

무제는 즉시 누대를 세우려 했던 계획을 취소해버렸다.

평소 무제는 광목으로 만든 옷을 즐겨 입었다. 그가 총애하는 신부인 역시 옷이 땅에 끌리지 않도록 했으며 휘장에도 수를 놓지 못하게 했다. 그의 패릉은 전부 기와로 지어졌으며, 금·은·동으로 장식하지 못하게 했을 뿐 아니라 높은 봉분도 쌓지 않도록 했다. 그 모두가 백성의 부담을 덜어주기 위함이었다. 이런 황제 덕분에 나라는 더없이 부유해졌으며 사회 전반에 예를 중시하는 분위기가 자리잡을 수 있었다.

한 무제는 세상을 떠나기 앞서 다음과 같은 유언을 남겼다.

천하 만물 중 죽지 않는 것은 없다. 죽음은 천지의 도리이며 자연스러운 현상이니 지나치게 슬퍼할 필요가 없다. 살기는 좋아하지만 죽기를 싫어하는 사람들은 호화로운 장례를 위해 가산을 탕진하기도 하고 너무 오랫동안 상복을 입어 몸을 해치기도 한다. 나는 이러한 것들을 바라지 않는다. 게다가 나는 생전에 덕을 행하지 못해 백성에게 이로움을 주지 못했다. 그런 내가 죽어서 백성으로 하여금 상복을 입고 곡을 하며 추운 겨울과 더운 여름을 나게 한다면 그 죄가 더 커지지 않겠느냐?

보잘것없는 내가 천하를 다스린 지도 이미 **20**년이 되었다. 그동안 천지신령의 힘으로 나라의 안녕과 부귀를 이루었고 커다란 전란 없이 평화로운 시절을 보낼 수 있었다. 나는 결코 총명하지 못하다. 항상 내 잘못을 걱정하고 선제의 덕행에 누가 되지 않을까 노심초사하며 좋은 끝을 맺지 못할까 두려워했다. 하지만 다행히도 천수를 누렸을 뿐 아니라 이제 지하에 계신 고조를 모실 수 있게 되었다. 어질고 현명하지 못한 내가 이리도 좋은 결과를 맺었는데 슬퍼할 게 무어란 말이냐!

그러니 관리들과 백성에게 명령을 내려 딱 3일 동안만 곡을 하게 하라. 그리고 그 다음엔 상복을 벗고 혼인과 제사, 육식을 모두 허락하도록 하라. 상복을 입고 곡을 해야 하는 자들은 새 옷을 입지 말고 머리띠는 세 치를 넘지 않도록 하라. 전차와 병기를 장식하지 말고 백성을 궁으로 불러와 곡하는 일이 없도록 하라. 궁에서 곡을 해야 하는 자는 매일 새벽과 밤에 정확히 15번 곡을 하고 그것으로 곡을 멈춰야 한다. 또 정해진 시간이 아니면 절대 곡을 해서는 안 된다.

장례가 끝난 후 대공상복을 입는 자는 15일, 소공상복은 14일, 시마를 입는 자는 7일 동안만 상복을 갖추어 입으라. 장례의 모든 내용과 절차는 이 유언을 따르도록 하고 천하에 이를 알려 나의 뜻을 전하도록 하라. 패릉이 있는 지역의 산과 물은 원형 그대로 보존하도록 하고 후궁 부인 이하와 소사들은 모두 집으로 돌아가도록 하라.

재위기간 동안 자신보다 백성을 먼저 생각하고 검소함을 몸소 실

천했던 한 무제 덕분에 나라의 경제는 나날이 발전하고 사회 역시 안정될 수 있었다.

❝ 논어의 지혜

노예제도가 여전히 존재하던 상황에서 공자가 밝힌 주장은 그가 덕과 예의 중요성을 충분히 인식하고 있으며 '치국의 도'에 정통했음을 잘 보여주고 있다. 사실 규범이나 법률 앞에서 사람은 겉으로는 복종하지만 속으로는 반감을 갖게 마련이다. 하지만 적극적으로 교화한다면 저마다 내재되어 있던 도덕과 양심을 끄집어내어 스스로를 다스릴 수 있게 된다. 그것은 처세의 지혜임에 틀림없다. 그 본질을 알아내고 융통성 있게 운용할 수 있다면 삶 속에서 많은 것을 이뤄낼 수 있을 것이다.

❞

물은 너무 맑아서는 안 되고,
사람은 지나치게 엄격해선 안 된다

주공이 노공에게 말했다. "군자는 자신의 친척을 내쳐서는 안 되며, 대신들이 자신을 임용해주지 않음을 원망하도록 만들어서도 안 된다. 큰 잘못을 하지 않는 한 옛 친구들을 버려서도 안 되며, 한 사람에게 전부 갖추기를 요구해서도 안 된다."

周公謂魯公曰 "君子不施其親, 不使大臣怨乎不以,
주 공 위 노 공 왈   군 자 불 시 기 친   불 사 대 신 원 호 불 이

故舊無大故, 則不棄也, 無求備於一人."
고 구 무 대 고   즉 불 기 야   무 구 비 어 일 인   (제18편 미자微子)

작은 잘못은 너그럽게 용서한 여몽정

물이 너무 맑으면 물고기가 살지 않는 법이다. 사람 역시 지나치게 엄격하면 인연을 쉽게 잃을 수 있다. 다른 사람과 더불어 살다 보면 반드시 의견 차이로 인한 충돌이 생기게 마련이다. 때문에 상대방의 작은 잘못을 지나치게 마음에 두거나 속이 좁고 예민한 사람이 되어서는 안 된다. 그렇지 않으면 그 누구도 나와 손을 잡고 함께 일을 도모하려 하지 않을 것이다.

송나라의 여몽정은 시시콜콜한 잘못은 너그럽게 덮어줄 줄 아는 사람이었다. 그가 막 재상으로 임명되었을 때 그를 시기한 누군가가 이런 말을 한 적이 있다.

"이름도 없는 하찮은 선비가 재상이 가당키나 한가!"

여몽정은 상대의 험담을 못 들은 척하며 태연하게 그 옆을 지나 갔다. 다른 참정들은 당장 그 말을 한 사람이 누구인지를 밝혀내야 한다며 길길이 날뛰었다. 하지만 여몽정은 한사코 그들을 말렸다.

조회가 끝난 후 몇몇 참정들이 여전히 험담한 사람을 찾아내지 못한 것을 아쉬워하자 여몽정이 말했다.

"만약 그 사람의 이름을 알아낸다면 영원히 그를 잊거나 용서할 수 없을 것이오. 그렇게 원망과 섭섭함을 평생 안고 살면 좋을 게 무어란 말이오? 그러니 절대 그 사람이 누군지 밝혀내려 하지 마시 오. 사실 그가 누군지 모른다고 해서 손해 볼 것도 없지 않소."

여몽정의 말을 들은 사람들은 그의 넓은 도량에 탄복하지 않을 수 없었다.

일을 하는 데 있어서도 여몽정은 같은 태도를 취했다. 태종 재위 시절, 변하의 수운을 담당하는 관리들이 개인적으로 물건을 운반하 여 이익을 취하고 있다는 사실을 누군가가 알려왔다.

이 소식을 들은 송 태종이 신하들에게 말했다.

"거머리와 같은 그들을 완전히 뿌리 뽑는 것은 어려운 일이오. 따 라서 너무 심각하게 대응하거나 과도한 처벌을 하는 것은 옳지 않 을 듯하오. 이미 그 행동이 도를 넘은 극악무도한 이들만 응징하면 그만이오. 그러니 정상적인 업무에 방해만 되지 않는다면 지나치게 죄를 추궁하지 마시오. 어쨌거나 가장 중요한 것은 물건을 순조롭 게 운반하는 일이니 말이오."

옆에 있던 재상 여몽정이 태종의 뜻에 찬성하며 말했다.

"물이 너무 맑으면 물고기가 살지 못하고 사람이 너무 엄격하면 인심을 잃게 마련입니다. 군자가 소인의 행동 하나하나를 눈엣가시로 여기고 지나치게 이를 추궁하면 일을 그르치고 맙니다. 차라리 너그러운 마음을 갖고 스스로 잘못을 깨우치게 하는 것이 일을 처리하는 데 이득이 될 것입니다.

한나라의 조참은 법률과 시장을 관리하는 데 매우 신중한 태도를 취했습니다. 그는 법을 집행하고 형벌을 내리는 데 있어 융통성을 가져야 한다고 생각했습니다. 그리고 엄격함과 너그러움을 적절히 조절해야 한다고 말했지요. 그렇게 하면 악의 무리들은 저절로 자취를 감추게 되는 법입니다. 폐하의 말씀처럼 작은 일을 너무 심각하게 처리해서는 안 됩니다."

억지로 결점을 찾아내지 않고 작은 실수는 만회할 수 있는 여지를 남겨두며 큰 방해가 되지 않으면 내버려둘 줄 아는 것. 그것은 대부분의 중국인이 신조로 삼는 처세의 도리이기도 하다.

《도덕경》에는 '나라를 다스릴 때에는 작은 물고기를 굽는 듯하라.'는 말이 있다. 여기에는 물고기를 굽듯 조심스러워야 한다는 뜻 외에도 또 다른 깊은 의미가 담겨 있다. 물고기를 구울 때는 고기를 너무 자주 뒤집어서는 안 된다. 그러면 살이 쉽게 부서지기 때문이다.

나라를 다스리는 일도 이와 다르지 않다. 너무 가혹한 명령과 법률로 민심과 사회를 옥죄기보다는 백성에 대한 규제를 어느 정도 풀어줄 필요가 있다. 그러지 않으면 이를 견디지 못한 백성의 원망이 커져 국가가 혼란스러워질 수도 있다.

법률은 엄격해야 하지만 사람은 너그러운 마음으로 대해야 한다. 절대 현미경으로 다른 사람을 보려 해서는 안 된다. 현미경 앞에서 아무런 결점 없이 완벽할 수 있는 사람은 아무도 없으니 말이다.

논어의 지혜

앞서 나온 주공의 말은 비판적으로 받아들일 필요가 있다. 앞부분의 주장에서 파생된 '용인유친用人惟親'(친한 사람을 등용한다)은 버려도 무방하다. 하지만 마지막에 언급한 주장은 인간관계에 있어 중요한 원칙으로 삼을 만하다. 특히 인재를 등용할 때에는 한 사람에게 우수한 인격과 뛰어난 재능 모두를 기대해서는 안 된다. 또 한 사람의 결점을 발견했다고 해서 바로 그의 능력을 부정해서도 안 될 것이다. 그러면 다른 재능을 활용할 기회조차 놓쳐버릴 수 있으며, 나아가 지나친 엄격함으로 인해 고립무원의 처지에 놓일 수 있기 때문이다.

04

덕으로 정치하고
모두를 공경하라

공자가 말했다. "덕으로 정치를 한다는 것은 비유하건대 북극성이 제자리에 있되 나머지 별들이 그것을 향하는 것과 같다."

子曰 "爲政以德, 譬如北辰居其所而衆星共之."
자 왈 위 정 이 덕   비 여 북 신 거 기 소 이 중 성 공 지   (제2편 위정爲政)

어진 정치로 나라를 흥성케 한 금나라 세종

정치가가 도덕적 수양과 더불어 어진 정치를 행한다면 그 긍정적인 영향력은 실로 막대할 것이다. 이는 중국 고대에 행한 인치人治에서 확인할 수 있다.

금나라 세종 완안옹은 금의 5대 황제로 역사상 가장 유명한 정치가이기도 하다. 그는 재위기간(1161~1189년) 동안 대외적으로는 남송에 대한 화친 정책을 펼쳤으며, 대내적으로는 나라의 질서를 확립하고 노비를 해방하는 한편 농업을 발전시켰다. 이를 통해 금나라의 경제와 문화는 빠르게 발전했고 유례없는 번영을 누릴 수 있었다.

세종은 즉위 후 얼마 지나지 않아 노비를 해방하고 생산력을 향상시키는 정책을 실시했다. 불교를 숭상했던 요나라의 사원에는 이세호二稅戶라 부르던 민호들이 있었는데, 이들 대부분은 사원에 소

속된 노비였다. 대정 2년 세종은 전국의 이세호들이 노예의 신분에서 벗어나 평민으로 돌아갈 수 있도록 해주었다. 마찬가지로 거란을 따라 반란을 일으켰던 노비들도 먼저 조정에 항복하면 사면하고, 궁전의 노비와 관리들의 사노들에게도 평민의 신분을 가질 수 있도록 함으로써 생산력을 증대시켰다.

세종은 한편 북방 지역의 농업을 발전시키기 위해 토지 문제를 해결하기도 했다. 당시 중원으로 이주한 여진족 귀족들이 특권을 이용해 함부로 토지를 겸병함에 따라 정작 농민에게는 농사지을 땅조차 없었다. 이런 상황에서 세종은 과감하게 귀족들이 가질 수 있는 토지를 제한하고 나머지는 국가가 환수하거나 농민에게 나누어주어 농사를 짓도록 했다.

또한 재난이 발생한 지역에는 구휼정책을 펼치고 세금을 감면해주었다. 이 밖에도 황하 지역의 침수를 막기 위해 힘쓰고 나라 곳곳에 수리 시설을 만들었다. 이러한 일련의 정책 덕분에 북방지역의 농업은 빠른 속도로 발전할 수 있었다.

세종이 행한 덕정德政의 핵심은 모든 방법을 동원해 사회를 안정시키고, 그 속에서 발전을 추구하는 데 있었다. 세종은 항상 신하들에게 백성을 자애롭고 너그럽게 대하라고 강조하며 이렇게 말했다.

"짐은 언제나 무거운 세금으로 백성의 고통을 가중시키는 것은 아닌지 걱정하고 있소."

그리하여 백성과 가장 가까이 있는 현령을 뽑을 때는 반드시 어진 인물을 선발하게 했다.

한번은 상서성에서 황실 종친을 자사로 추천했다. 하지만 나이가 너무 젊어 자사의 직책에 맞지 않다고 생각한 세종은 상서성 관리를 나무라며 말했다.

"한 고을의 관리는 천 리 밖 백성의 안위와도 관계있는 법이오. 만약 관리가 제대로 된 자질을 갖추지 못했다면 백성은 어찌 하란 말이오?"

황제의 호위 친군이 나이가 들어 지방관으로 천거됐을 때도 세종은 반대했다.

"호위는 무인이다 보니 글을 쓰지 못하는 자도 있소. 그런 그들이 어찌 백성을 돌본단 말이오? 천자는 백성을 자식과 같이 생각하지만 직접 민생을 물을 수 없기에 관리들의 도움이 필요하오. 그런데 직무에 맞지 않는 이에게 함부로 관직을 준다면 백성이 짐에게 뭐라고 하겠소?"

그러고는 호위에게 다른 직책을 주었다.

세종은 또한 근검절약을 솔선수범하여 백성을 사랑하는 마음을 보여주었다. 다음 말에 그의 이런 마음이 잘 나타난다.

"매일 진수성찬을 먹고 싶으면 짐은 하루에 양 50마리라도 거뜬히 잡을 수 있다. 하지만 그것이 모두 백성의 피와 땀이라고 생각하면 도저히 그럴 수 없구나."

원비 이씨가 죽은 후 장례를 치르러 가던 길에 썰렁한 거리를 본 세종이 대신들에게 말했다.

"원비의 장례가 백성의 생계에 영향을 미쳐서는 안 되오. 어서 그들이 평소처럼 생업에 종사하도록 하시오."

대정 2년 4월, 해릉왕 시절부터 궁정에 만연하던 사치 풍조를 바로잡기 위해 세종은 궁중의 음식물을 모두 반으로 줄이라고 명했다. 대정 6년에는 궁을 도금으로 장식하는 것을 금했으며 의복에도 금실을 사용하지 못하도록 했다. 궁궐 안의 소규모 공사나 수리에 드는 비용은 모두 내부에서 조달했으며 대규모 토목공사는 모두 금지했다.

대정 9년 상서성 취월왕과 수왕이 왕부에 궁궐을 짓기 위해 백성을 동원해 달라고 부탁했다. 하지만 세종은 그들을 나무라며 말했다.

"짐은 궁전에 있는 대나무가 말라 죽어 새로 심고 싶어도 백성을 동원하는 것이 두려워 명하지 않고 있소. 하물며 두 왕부에는 하인들이 있는데 왜 백성을 불러들여야 한단 말이오?"

세종은 끝내 두 사람의 청을 거절했다.

대정 13년 태자첨사 류중해가 동궁의 시종을 늘리고 장식을 새로 하자고 청했으나 세종은 이번에도 허락하지 않았다.

"동궁의 시종 수는 이미 정해졌고 장식 역시 충분한데 무엇 때문에 더 늘리려 하는 것이오? 부귀 속에서 태어난 태자는 쉽게 사치에 빠질 수 있소. 그러니 태자가 바른길로 나갈 수 있도록 잘 이끌어주어야 하오."

세종은 뿐만 아니라 음식을 먹을 때도 절약을 강조했다. 《금사》의 기록에 따르면 그는 황제가 된 후에도 태자의 생일과 원소절(정월대보름), 중추절(추석)을 제외하고는 술을 마시지 않았다고 한다. 반찬 역시 너덧 가지가 전부였고 꼭 먹을 만큼만 준비하도록 했다. 한번은 세종이 식사를 하고 있을 때 공주가 찾아왔다. 하지만 평소에 꼭 맞게 음식을 준비해온 터라 공주에게 줄 밥이 없었다고 한다.

의복도 마찬가지였다. 세종은 평소 입던 옷이 더러워지면 빨아서 입고, 또 다시 빨아 입기를 반복했다. 옷이 해어지면 그제야 새 것으로 바꿔 입었던 것이다. 어느 날, 광인전에서 제후들과 식사를 하던 세종이 갑자기 자신의 옷소매를 걷어 올리며 말했다.

"이 옷은 3년이나 입었건만 아직도 해어지지 않았소. 한번들 보시오."

이에 신하들이 천자의 몸으로 절약이 너무 지나치다고 반박하자 세종이 말했다.

"낭비는 좋을 게 하나도 없소. 천자도 사람이오. 천자가 절약을 실천하는 것 역시 나쁜 일이 아니오."

이러한 세종의 노력 덕분에 금나라는 더없는 번영을 누릴 수 있었다.

논어의 지혜

공자는 정치가의 도덕성이 정국의 안정이나 국가의 부흥과 긴밀한 관계가 있다고 보았다. 이는 '덕'과 '인'이 강한 감화력과 응집력을 가지고 있음을 의미한다. 실제로 나라를 다스리거나 인격을 수양함에 있어 훌륭한 인품과 도덕성은 마치 자석처럼 주변의 것을 끌어당기게 마련이다.

05

팔방미인이 되어라

공자가 말했다. "군자는 그릇 같은 존재여서는 아니 된다."

子曰 "君子不器."
자 왈　군 자 불 기

다재다능한 제갈량

많은 사람들은 제갈량을 '선인仙人'에 비유하곤 한다. 사실 그 역시 뼈와 살을 가진 사람인데 어떻게 해서 매번 그렇게 신기神奇에 가까운 계책을 생각해낼 수 있었을까?

이는 제갈량이 책 속의 지식뿐 아니라 세상 만물의 법칙과 일상의 다방면에 정통했기 때문일 것이다. 다시 말해 어느 한 가지 쓰임새로만 사용되는 그릇이 되기를 거부했기에 '와룡臥龍'이 탄생할 수 있었던 것이다.

제갈량의 능력은 《삼국연의》의 〈제100편〉 중, 조진에게 보낸 편지에서 잘 나타난다.

무릇 장수라 함은 가야 할 때를 잘 알아야 하며 부드러움과 단단함을 고루 갖추어야 한다. 나아갈 때와 물러설 때를 알아야 하며 약함과 강함을 조절할 줄 알아야 한다.

태산과 같이 무겁게 행동하고 천지처럼 끝이 없고 곡식과 같이 알차야 하며, 바다처럼 드넓고 삼광처럼 눈부셔야 한다.

가뭄과 장마를 예측하고 먼저 지세를 살필 수 있어야 하며, 진지를 눈여겨보고 적의 장단점을 파악할 수 있어야 한다.

《삼국지연의》〈제48편〉에 나오는 노숙과의 대화에서는 그의 방대한 지식을 엿볼 수 있다.

천문과 지리에 정통하지 못하고 음양을 알지 못하며, 진세를 볼 줄 모르고 병력을 이용할 줄 모르는 자는 범재일 뿐입니다.

제갈량의 뛰어난 능력을 서술한 이 글들은 비록 작가의 글솜씨가 곁들여진 것이긴 하지만 대부분은 사실을 바탕으로 엮은 것임에 틀림없다. 현존하는 《제갈량집》을 살펴보면 그가 역사, 천문, 지리, 군사, 기계, 농업, 의학, 점술에 두루 정통했으며 이들에 관한 저서도 남겼음을 알 수 있다. 제갈량은 어째서 이렇게 다재다능할 수 있었을까? 그 해답은 《계자서》에서 찾을 수 있다.

배울 때는 마음이 안정되어 있어야 하고 재능은 반드시 배움을 필요로 한다. 배우지 않으면 재능을 펼칠 수 없고 뜻이 없으면 학문을 성취할 수 없다.

그가 오랫동안 큰 포부를 가지고 열심히 공부하며 다양한 분야의 지식을 습득했다는 사실을 알 수 있는 대목이다. 무엇보다 제갈량은 배움의 목적을 인격을 수양하고 천하를 다스리는 데 두었다. 그는 훌륭한 선비뿐 아니라 걸출한 영웅이 되려 했으며 박학다식한 학자인 동시에 착실하게 뜻을 이루는 정치가가 되고자 했다.

제갈량은 한 가지 분야에만 정통한 인재들의 학습 방식과 주입식 교육을 반대했다. 이를 거스름으로써 그는 여러 분야를 아우르면서도 깊은 지식과 그것들에 대한 독특한 견해를 가질 수 있게 된 것이다. 뿐만 아니라 모든 지식을 융합할 줄 알고 하나를 배우면 열을 깨우치며, 나가 그것을 자신에게 맞게 활용하고 새로운 결과물을 창조할 수 있었다.

제갈량은 한편 〈논제자〉를 통해 제자백가의 학문에 대해 예리한 지적도 했다.

> 노자는 인격을 함양하는 데 능했지만 위기에 대처하지 못했다. 상앙은 법에 정통했지만 교화를 도외시했다. 소진, 장의는 말은 잘했지만 동맹의 맹세를 하기에는 부족했다. 백기는 전쟁에 뛰어났지만 대중의 지지를 얻지는 못했다. 오자서는 적을 공격하는 데 천부적이었지만 자신을 지키지는 못했다. 미생은 신의로 이름을 날렸지만 임기응변에는 약했다. 왕가는 명군을 만났지만 우매한 군주를 섬기지 못했다. 허자장은 인재를 알아보는 혜안을 가졌지만 그들을 양성하지는 못했다. 하지만 이들 모두 나름대로 장점을 가지고 있다.

여기에서 제갈량은 선진先秦시대의 노자, 상앙, 소진, 장의, 백기와 그보다 조금 앞선 애제 시절 간언으로 유명했던 왕가, 그리고 그와 동시대를 살았으며 조조를 '치세의 영웅, 난세의 간신'이라고 일컬은 허소를 평가했다. 그는 이 위대한 인물들의 장점을 본받고 단점은 버림으로써 지혜와 도덕의 본보기로 삼았던 것이다.

이러한 사실을 바탕으로 《삼국지연의》의 작가는 '설전군유舌戰群儒'(제갈량이 말로써 동오의 학자들을 굴복시키는 이야기)라는 명장면을 탄생시켰다. 잠시 그 내용을 살펴보자.

다분히 도전적인 어투로 '도대체 무슨 책으로 공부했느냐!'라고 묻는 엄준의 말에 제갈량은 이렇게 대답했다.

"책이나 뒤적거리며 글귀를 인용하는 썩은 선비들이 어찌 나라를 바로 세울 수 있겠습니까? 밭이나 갈던 이윤이나 고기 잡던 자야, 장량, 진평, 등우, 경감은 천하를 바로 세울 재능을 가졌지만 그들이 책을 보고 공부했다는 이야기는 들은 적이 없습니다. 그들이 서생의 흉내를 내며 붓이나 놀리고 먹을 갈며 쓸데없는 논리를 펼칠 리 없지 않습니까?"

제갈량의 말에 엄준은 고개를 숙이고 더 이상 반박하지 못했다.

그러자 이번에는 정덕추가 냉소를 띠며 말했다.

"그대는 큰소리만 칠 뿐 정작 배운 것이 없으니 학자들의 웃음거리가 되기에 딱 알맞구려."

하지만 제갈량은 조금도 움츠러들지 않고 그의 말을 반박했다.

"글이나 끼적거리며 시나 짓고 경서에만 집착하는 이들은 비록 붓끝으로 수천 자를 쓴다고 한들 마음속에는 한 가지 계책도 없는 무리입니다."

이 이야기들은 제갈량의 지식이 책 속에서 얻은 것만이 아니며 한 가지 분야에만 국한된 것이 아니라 여러 가지 영역에서 그 빛을 발했다는 사실을 알 수 있다.

 논어의 지혜

치열한 경쟁과 함께 급박하게 변해가는 사회에서 한 자리만을 지키기는 불가능하다. 모종의 '변화'가 우리를 익숙한 환경에서 전혀 낯선 곳으로 옮겨놓을 때 대부분의 사람들은 자신이 무엇을 해야 하는지 잊어버릴 수밖에 없다. 복잡한 현실 속에서 다리 하나로 서기란 힘들기 때문이다. 때문에 우리는 여러 분야에서 생존의 법칙을 배움으로써 다재다능한 인재로 거듭나야 한다. 한 분야에만 정통한 것이 아니라 여러 분야를 골고루 맛보아야 한다는 것이다. 그렇게 해야만 끊임없이 변해가는 사회 속에서 겁먹지 않고 꿋꿋하게 살아남을 수 있다. 이는 한 분야의 리더뿐 아니라 현대인들이 반드시 갖추어야 할 생존 능력이다.